ENGLISH TEXTS

Edited by
Theo Stemmler

6

Medieval English
Saints' Legends

Edited by Klaus Sperk

MAX NIEMEYER VERLAG TÜBINGEN

1970

The purpose of this series is to provide students and teachers of English with reliable editions of texts from all periods of English literature, language and culture. Each volume contains a representative selection of typical texts and will enable students and teachers to discuss the most important questions arising in university classes on these subjects. Comprehensive bibliographies will facilitate further research.

ISBN 3 484 44005 8

© Max Niemeyer Verlag Tübingen 1970
Alle Rechte vorbehalten. Printed in Germany
Satz und Druck: Bücherdruck Wenzlaff KG, Kempten
Einband von Heinr. Koch Tübingen

CONTENTS

PREFACE

The saints' legends presented in this volume have been assembled and edited as examples of a literary *genre* dear to the English for more than seven hundred years: from the times of Cynewulf to the Reformation. As it has been the editor's aim to cover the whole period of English hagiographic activity, a choice has had to be made among the vast number of saints' lives. Theologically this would not have presented any problem, because all saints have one spiritual life in common, as St. Gregory of Tours wrote: "Cum sit diversitas meritorum virtutumque, una tamen omnes vita corporis alit in mundo." We must not forget, however, that, from a literary point of view, there are quite different types of saints' lives. In order to present some of these various types of saints' legends, different versions of the lives of four saints have been selected for this anthology.

The outstanding popularity of women saints throughout the Middle Ages has been taken into account by the inclusion of the lives of Saint Juliana and Saint Catherine. Saint Edmund, the East Anglian king and martyr, represents the group of native English saints who have not made their way into the *Legenda Aurea*. Saint George, a saint honoured by all Christian nations, has been selected for his special relationship to England after becoming her patron-saint in 1349.

The texts of the legends provide examples for the development of the English language from Old English times to the beginning of the 16th century; they illustrate, moreover, various dialects of the Old and Middle English period. Texts in Early New English and the Latin source of Caxton's treatment of the *Life of St. George* complete the linguistic panorama.

The dates given along with the titles are those of the MSS. or of the first imprints. Titles found in the originals have been kept. Emendations are indicated in footnotes.

Mannheim, Spring 1970   K. S.

I. SAINT JULIANA

1 From the *Exeter Book*. c. 975

    Hwæt! We ðæt hyrdon   hæleð eahtian,
deman dædhwate,   þætte in dagum gelamp
Maximianes,   se geond middangeard,
arleas cyning,   eahtnysse ahof,
5 cwealde cristne men,   circan fylde,
geat on græswong   godhergendra,
hæþen hildfruma,   haligra blod,
ryhtfremmendra.   Wæs his rice brad,
wid ond weorðlic   ofer werþeode,
10 lytesna ofer ealne   yrmenne grund.
Foron æfter burgum,   swa he biboden hæfde,
þegnas þryðfulle.   Oft hi þræce rærdon,
dædum gedwolene,   þa þe dryhtnes æ
feodon þurh firencræft.   Feondscype rærdon,
15 hofon hæþengield,   halge cwelmdon,
breotun boccræftge,   bærndon gecorene,
gæston godes cempan   gare ond lige.
    Sum wæs æhtwelig   æþeles cynnes
rice gerefa.   Rondburgum weold,
20 eard weardade   oftast symle
in þære ceastre   Commedia,
heold hordgestreon.   Oft he hæþengield
ofer word godes,   weoh gesohte
neode geneahhe.   Wæs him noma cenned
25 Heliseus,   hæfde ealdordom
micelne ond mærne.   Ða his mod ongon
fæmnan lufian,   hine fyrwet bræc,
Iulianan.   Hio in gæste bær
halge treowe,   hogde georne

---

12 MS.: *of* for *oft*
16 MS.: *bærdon* for *bærndon*

30 þæt hire mægðhad   mana gehwylces
   fore Cristes lufan   clæne geheolde.
      Ða wæs sio fæmne   mid hyre fæder willan
   welegum biweddad;   wyrd ne ful cuþe,
   freondrædenne   hu heo from hogde,
35 geong on gæste.   Hire wæs godes egsa
   mara in gemyndum,   þonne eall þæt maþþumgesteald
   þe in þæs æþelinges   æhtum wunade.
   Pa wæs se weliga   þæra wifgifta,
   goldspedig guma,   georn on mode,
40 þæt him mon fromlicast   fæmnan gegyrede,
   bryd to bolde.   Heo þæs beornes lufan
   fæste wiðhogde,   þeah þe feohgestreon
   under hordlocan,   hyrsta unrim
   æhte ofer eorþan.   Heo þæt eal forseah,
45 ond þæt word acwæð   on wera mengu:
   "Ic þe mæg gesecgan   þæt þu þec sylfne ne þearft
   swiþor swencan.   Gif þu soðne god
   lufast ond gelyfest,   ond his lof rærest,
   ongietest gæsta hleo,   ic beo gearo sona
50 unwaclice   willan þines.
   Swylce ic þe secge,   gif þu to sæmran gode
   þurh deofolgield   dæde biþencest,
   hætsð hæþenweoh,   ne meaht þu habban mec,
   ne geþreatian   þe to gesingan.
55 Næfre þu þæs swiðlic   sar gegearwast
   þurh hæstne nið   heardra wita,
   þæt þu mec onwende   worda þissa."
      Ða se æþeling wearð   yrre gebolgen,
   firendædum fah,   gehyrde þære fæmnan word,
60 het ða gefetigan   ferend snelle,
   hreoh ond hygeblind,   haligre fæder,
   recene to rune.   Reord up astag,
   siþþan hy togædre   garas hlændon,
   hildeþremman.   Hæðne wæron begen
65 synnum seoce,   sweor ond aþum.
      Ða reordode   rices hyrde

---

38 MS.: *þære* for *þæra*
46 MS.: *In* for *Ic*

2

wið þære fæmnan fæder   frecne mode,
daraðhæbbende: "Me þin dohtor hafað
geywed orwyrðu.   Heo me on an sagað
70 þæt heo mæglufan   minre ne gyme,
freondrædenne.   Me þa fraceðu sind
on modsefan   mæste weorce,
þæt heo mec swa torne   tæle gerahte
fore þissum folce,   het me fremdne god,
75 ofer þa oþre   þe we ær cuþon,
welum weorþian,   wordum lofian,
on hyge hergan,   oþþe hi nabban."
    Geswearc þa swiðferð   sweor æfter worde,
þære fæmnan fæder,   ferðlocan onspeon:
80 "Ic þæt geswerge   þurh soð godu,
swa ic are æt him   æfre finde,
oþþe, þeoden, æt þe   þine hyldu
winburgum in,   gif þas word sind soþ,
monna leofast,   þe þu me sagast,
85 þæt ic hy ne sparige,   ac on spild giefe,
þeoden mæra,   þe to gewealde.
Dem þu hi to deaþe,   gif þe gedafen þince,
swa to life læt,   swa þe leofre sy."
    Eode þa fromlice   fæmnan to spræce,
90 anræd ond yreþweorg,   yrre gebolgen,
þær he glædmode   geonge wiste
wic weardian.   He þa worde cwæð:
"Ðu eart dohtor min   seo dyreste
ond seo sweteste   in sefan minum,
95 ange for eorþan,   minra eagna leoht,
Iuliana!   Þu on geaþe hafast
þurh þin orlegu   unbiþyrfe
ofer witena dom   wisan gefongen.
Wiðsæcest þu to swiþe   sylfre rædes
100 þinum brydguman,   se is betra þonne þu,
æþelra for eorþan,   æhtspedigra
feohgestreona.   He is to freonde god.

---

78 MS.: *swor* for *sweor*
86 MS.: *ge weald* for *gewealde*
91 MS.: *glæd mod* for *glædmode*

Forþon is þæs wyrþe, þæt þu þæs weres frige,
ece eadlufan, an ne forlæte."
105 Him þa seo eadge ageaf ondsware,
Iuliana hio to gode hæfde
freondrædenne fæste gestaþelad:
"Næfre ic þæs þeodnes þafian wille
mægrædenne, nemne he mægna god
110 geornor bigonge þonne he gen dyde,
lufige mid lacum þone þe leoht gescop,
heofon ond eorðan ond holma bigong,
eodera ymbhwyrft. Ne mæg he elles mec
bringan to bolde. He þa brydlufan
115 sceal to oþerre æhtgestealdum
idese secan; nafað he ænige her."
Hyre þa þurh yrre ageaf ondsware
fæder feondlice, nales frætwe onheht:
"Ic þæt gefremme, gif min feorh leofað
120 gif þu unrædes ær ne geswicest,
ond þu fremdu godu forð bigongest
ond þa forlætest þe us leofran sind,
þe þissum folce to freme stondað,
þæt þu ungeara ealdre scyldig
125 þurh deora gripe deaþe sweltest,
gif þu geþafian nelt þingrædenne,
modges gemanan. Micel is þæt ongin
ond þreaniedlic þinre gelican,
þæt þu forhycge hlaford urne."
130 Him þa seo eadge ageaf ondsware,
gleaw ond gode leof, Iuliana:
"Ic þe to soðe secgan wille,
bi me lifgendre nelle ic lyge fremman.
Næfre ic me ondræde domas þine,
135 ne me weorce sind witebrogan,
hildewoman, þe þu hæstlice
manfremmende to me beotast,
ne þu næfre gedest þurh gedwolan þinne
þæt þu mec acyrre from Cristes lofe."

---

116 MS.: *ænig* for *ænige*
128 MS.: *þrea med lic* for *þreaniedlic*

4

140 Ða wæs ellenwod,   yrre ond reþe,
   frecne ond ferðgrim,   fæder wið dehter.
   Het hi þa swingan,   susle þreagan,
   witum wægan,   ond þæt word acwæð:
   "Onwend þec in gewitte,   ond þa word oncyr
145 þe þu unsnyttrum   ær gespræce,
   þa þu goda ussa   gield forhogdest."
      Him seo unforhte   ageaf ondsware
   þurh gæstgehygd,   Iuliana:
   "Næfre þu gelærest   þæt ic leasingum,
150 dumbum ond deafum   deofolgieldum,
   gæsta geniðlum   gaful onhate,
   þam wyrrestum   wites þegnum,
   ac ic weorðige   wuldres ealdor
   middangeardes   ond mægenþrymmes,
155 ond him anum to   eal biþence,
   þæt he mundbora   min geweorþe,
   helpend ond hælend   wið hellsceaþum."
      Hy þa þurh yrre   Affricanus,
   fæder fæmnan ageaf   on feonda geweald
160 Heliseo.   He in æringe
   gelædan het   æfter leohtes cyme
   to his domsetle.   Duguð wafade
   on þære fæmnan wlite,   folc eal geador.
   Hy þa se æðeling   ærest grette,
165 hire brydguma,   bliþum wordum:
   "Min se swetesta   sunnan scima,
   Iuliana!   Hwæt, þu glæm hafast,
   ginfæste giefe,   geoguðhades blæd!
   Gif þu godum ussum   gen gecwemest,
170 ond þe to swa mildum   mundbyrd secest,
   hyldo to halgum,   beoð þe ahylded fram
   wraþe geworhtra   wita unrim,
   grimra gyrna,   þe þe gegearwad sind,
   gif þu onsecgan nelt   soþum gieldum."
175   Him seo æþele mæg   ageaf ondsware:
   "Næfre þu geþreatast   þinum beotum,
   ne wita þæs fela   wraðra gegearwast,

---

151 MS.: *gæste* for *gæsta*
171 MS.: *yldo* for *hyldo*

þæt ic þeodscype   þinne lufie,
buton þu forlæte   þa leasinga,
180 weohweorðinga,   ond wuldres god
ongyte gleawlice,   gæsta scyppend,
meotud moncynnes,   in þæs meahtum sind
a butan ende   ealle gesceafta."
　　　Ða for þam folce   frecne mode
185 beotwordum spræc,   bealg hine swiþe
folcagende,   ond þa fæmnan het
þurh niðwræce   nacode þennan,
ond mid sweopum swingan   synna lease.
Ahlog þa se hererinc,   hospwordum spræc:
190 "Þis is ealdordom   uncres gewynnes
on fruman gefongen!   Gen ic feores þe
unnan wille,   þeah þu ær fela
unwærlicra   worda gespræce,
onsoce to swiðe   þæt þu soð godu
195 lufian wolde.   Þe þa lean sceolan
wiþerhycgendre,   witebrogan,
æfter weorþan,   butan þu ær wiþ hi
geþingige,   ond him þoncwyrþe
æfter leahtorcwidum   lac onsecge,
200 sibbe gesette.   Læt þa sace restan,
lað leodgewin.   Gif þu leng ofer þis
þurh þin dolwillen   gedwolan fylgest,
þonne ic nyde sceal   niþa gebæded
on þære grimmestan   godscyld wrecan,
205 torne teoncwide,   þe þu tælnissum
wiþ þa selestan   sacan ongunne,
ond þa mildestan   þara þe men witen,
þe þes leodscype mid him   longe bieode."
　　　Him þæt æþele mod   unforht oncwæð:
210 "Ne ondræde ic me   domas þine,
awyrged womsceaða,   ne þinra wita bealo.
Hæbbe ic me to hyhte   heofonrices weard,
mildne mundboran,   mægna waldend,
se mec gescyldeð   wið þinum scinlace
215 of gromra gripe,   þe þu to godum tiohhast.

_____

196 MS.: *wiþer hycgen de* for *wiþerhycgendre*

6

Ða sind geasne   goda gehwylces,
idle, orfeorme,   unbiþyrfe,
ne þær freme meteð   fira ænig
soðe sibbe,   þeah þe sece to him
220 freondrædenne. He ne findeð þær
duguþe mid deoflum. Ic to dryhtne min
mod staþelige,   se ofer mægna gehwylc
waldeð wideferh,   wuldres agend,
sigora gehwylces.   Þæt is soð cyning."
225   Ða þam folctogan   fracuðlic þuhte
þæt he ne meahte   mod oncyrran,
fæmnan foreþonc.   He bi feaxe het
ahon ond ahebban   on heanne beam,
þær seo sunsciene   slege þrowade,
230 sace singrimme,   siex tida dæges,
ond he ædre het   eft asettan,
laðgeniðla,   ond gelædan bibead
to carcerne.   Hyre wæs Cristes lof
in ferðlocan   fæste biwunden,
235 milde modsefan,   mægen unbrice.
Ða wæs mid clustre   carcernes duru
behliden, homra geweorc.   Halig þær inne
wærfæst wunade.   Symle heo wuldorcyning
herede æt heortan,   heofonrices god,
240 in þam nydclafan,   nergend fira,
heolstre bihelmad.   Hyre wæs halig gæst
singal gesið.   Ða cwom semninga
in þæt hlinræced   hæleða gewinna,
yfeles ondwis.   Hæfde engles hiw,
245 gleaw gyrnstafa   gæstgeniðla,
helle hæftling,   to þære halgan spræc:
"Hwæt dreogest þu,   seo dyreste
ond seo weorþeste   wuldorcyninge,
dryhtne ussum?   Ðe þes dema hafað
250 þa wyrrestan   witu gegearwad,
sar endeleas,   gif þu onsecgan nelt,
gleawhycgende,   ond his godum cweman.
Wes þu on ofeste,   swa he þec ut heonan
lædan hate,   þæt þu lac hraþe

_____

218 MS.: *metet* for *meteð*

255 onsecge sigortifre,   ær þec swylt nime,
deað fore duguðe.   Þy þu þæs deman scealt,
eadhreðig mæg,   yrre gedygan."
        Frægn þa fromlice,   seo þe forht ne wæs,
Criste gecweme,   hwonan his cyme wære.

260 Hyre se wræcmæcga   wið þingade:
"Ic eom engel godes   ufan siþende,
þegn geþungen,   ond to þe sended,
halig of heahþu.   Þe sind heardlicu,
wundrum wælgrim,   witu geteohhad

265 to gringwræce.   Het þe god beodan,
bearn waldendes,   þæt þe burge þa."
        Ða wæs seo fæmne   for þam færspelle
egsan geaclad,   þe hyre se aglæca,
wuldres wiþerbreca,   wordum sægde.

270 Ongan þa fæstlice   ferð staþelian,
geong grondorleas,   to [gode] cleopian:
"[Nu] ic þec, beorna hleo,   biddan wille
ece ælmihtig,   þurh þæt æþele gesceap
þe þu, fæder engla,   æt fruman settest,

275 þæt þu me ne læte   of lofe hweorfan
þinre eadgife,   swa me þes ar bodað
frecne færspel,   þe me fore stondeð.
Swa ic þe, bilwitne,   biddan wille
þæt þu me gecyðe,   cyninga wuldor,

280 þrymmes hyrde,   hwæt þes þegn sy,
lyftlacende,   þe mec læreð from þe
on stearcne weg."   Hyre stefn oncwæð
wlitig of wolcnum,   word hleoþrade:
"Forfoh þone frætgan   ond fæste geheald.

285 oþþæt he his siðfæt   secge mid ryhte,
ealne from orde,   hwæt his æþelu syn."
        Ða wæs þære fæmnan   ferð geblissad.
domeadigre.   Heo þæt deofol genom

                    * * *

---

264 MS.: *welgrim* for *wælgrim*
271 *gode* not in MS.; MS.: *cleopianne* for *cleopian*
272 *Nu* not in MS.
286 MS.: *ealdne* for *ealne*
288 MS.: *dom eadigra* for *domeadigre;* after *genom* a leaf of the MS.
   is evidently missing.

"ealra cyninga cyning   to cwale syllan.

290 Ða gen ic gecræfte   þæt se cempa ongon
waldend wundian,   weorud to segon
þæt þær blod ond wæter   bu tu ætgædre
eorþan sohtun.   Ða gen ic Herode
in hyge bisweop   þæt he Iohannes bibead

295 heafde biheawan,   ða se halga wer
þære wiflufan   wordum styrde,
unryhtre æ.   Eac ic gelærde
Simon searoþoncum   þæt he sacan ongon
wiþ þa gecorenan   Cristes þegnas,

300 ond þa halgan weras   hospe gerahte
þurh deopne gedwolan,   sægde hy dryas wæron.
Neþde ic nearobregdum   þær ic Neron bisweac,
þæt he acwellan het   Cristes þegnas,
Petrus ond Paulus.   Pilatus ær

305 on rode aheng   rodera waldend,
meotud meahtigne   minum larum.
Swylce ic Egias   eac gelærde
þæt he unsnytrum   Andreas het
ahon haligne   on heanne beam,

310 þæt he of galgan his   gæst onsende
in wuldres wlite.   Þus ic wraþra fela
mid minum broþrum   bealwa gefremede,
sweartra synna,   þe ic asecgan ne mæg,
rume areccan,   ne gerim witan,

315 heardra heteþonca."   Him seo halge oncwæð
þurh gæstes giefe, Iuliana:
"Þu scealt furþor gen,   feond moncynnes,
siþfæt secgan,   hwa þec sende to me."
Hyre se aglæca   ageaf ondsware,

320 forhtafongen,   friþes orwena:
"Hwæt, mec min fæder   on þas fore to þe,
hellwarena cyning,   hider onsende
of þam engan ham,   se is yfla gehwæs
in þam grornhofe   geornfulra þonne ic.

325 Þonne he usic sendeð   þæt we soðfæstra

294 MS.: *bispeop* for *bisweop*
313 MS.: *asengan* for *asecgan*
322 MS.: *hell wearena* for *hellwarena*

þurh misgedwield   mod oncyrren,
ahwyrfen from halor,   we beoð hygegeomre,
forhte on ferðþe.   Ne biþ us frea milde,
egesful ealdor,   gif we yfles noht
330 gedon habbaþ;   ne durran we siþþan
for his onsyne   ower geferan.
Þonne he onsendeð   geond sidne grund
þegnas of þystrum,   hateð þræce ræran,
gif we gemette sin   on moldwege,
335 oþþe feor oþþe neah   fundne weorþen,
þæt hi usic binden   ond in bælwylme
suslum swingen.   Gif soðfæstra
þurh myrrelsan   mod ne oðcyrreð,
haligra hyge,   we þa heardestan
340 ond þa wyrrestan   witu geþoliað
þurh sarslege.   Nu þu sylfa meaht
on sefan þinum   soð gecnawan,
þæt ic þisse noþe wæs   nyde gebæded,
þragmælum geþread,   þæt ic þe sohte."
345   Þa gen seo halge ongon   hæleþa gewinnan,
wrohtes wyrhtan,   wordum frignan,
fyrnsynna fruman: "Þu me furþor scealt
secgan, sawla, feond,   hu þu soðfæstum
þurh synna slide   swiþast sceþþe,
350 facne bifongen."   Hyre se feond oncwæð,
wræcca wærleas,   wordum mælde:
"Ic þe, ead mæg,   yfla gehwylces
or gecyðe   oð ende forð
þara þe ic gefremede,   nalæs feam siðum,
355 synna wundum,   þæt þu þy sweotolicor
sylf gecnawe   þæt þis is soð, nales leas.
Ic þæt wende   ond witod tealde
þriste geþoncge,   þæt ic þe meahte
butan earfeþum   anes cræfte
360 ahwyrfan from halor,   þæt þu heofoncyninge
wiðsoce, sigora frean,   ond to sæmran gebuge,
onsægde synna fruman.   Þus ic soðfæstum
þurh mislic bleo   mod oncyrre.

---

354 MS.: *sindon* for *siðum*

10

Þær ic hine finde   ferð staþelian
365 to godes willan,   ic beo gearo sona
þæt ic him monigfealde   modes gælsan
ongean bere   grimra geþonca,
dyrnra gedwilda,   þurh gedwolena rim.
Ic him geswete   synna lustas,
370 mæne modlufan,   þæt he minum hraþe,
leahtrum gelenge,   larum hyreð.
Ic hine þæs swiþe   synnum onæle
þæt he byrnende   from gebede swiceð,
stepeð stronglice,   staþolfæst ne mæg
375 fore leahtra lufan   lenge gewunian
in gebedstowe.   Swa ic brogan to
laðne gelæde   þam þe ic lifes ofonn,
leohtes geleafan,   ond he larum wile
þurh modes myne   minum hyran,
380 synne fremman,   he siþþan sceal
godra gumcysta   geasne hweorfan.
Gif ic ænigne   ellenrofne
gemete modigne   metodes cempan
wið flanþræce,   nele feor þonan
385 bugan from beaduwe,   ac he bord ongean
hefeð hygesnottor,   haligne scyld,
gæstlic guðreaf,   nele gode swican,
ac he beald in gebede   bidsteal gifeð
fæste on feðan,   ic sceal feor þonan
390 heanmod hweorfan,   hroþra bidæled,
in gleda gripe,   gehðu mænan,
þæt ic ne meahte   mægnes cræfte
guðe wiðgongan,   ac ic geomor sceal
secan oþerne   ellenleasran,
395 under cumbolhagan,   cempan sænran,
þe ic onbryrdan mæge   beorman mine,
agælan æt guþe.   Þeah he godes hwæt
onginne gæstlice,   ic beo gearo sona,
þæt ic ingehyd   eal geondwlite,
400 hu gefæstnad sy   ferð innanweard,

---

371 MS.: *hyrað* for *hyreð*
400 MS.: *ge fæsnad* for *gefæstnad*

wiðsteall geworht.   Ic þæs wealles geat
ontyne þurh teonan;   bið se torr þyrel,
ingong geopenad,   þonne ic ærest him
þurh eargfare   in onsende
405 in breostsefan   bitre geþoncas
þurh mislice   modes willan,
þæt him sylfum   selle þynceð
leahtras to fremman   ofer lof godes,
lices lustas.   Ic beo lareow georn
410 þæt he monþeawum   minum lifge
acyrred cuðlice   from Cristes æ,
mod gemyrred   me to gewealde
in synna seað.   Ic þære sawle ma
geornor gyme   ymb þæs gæstes forwyrd
415 þonne þæs lichoman,   se þe on legre sceal
weorðan in worulde   wyrme to hroþor,
bifolen in foldan."   Ða gien seo fæmne spræc:
"Saga, earmsceapen,   unclæne gæst,
hu þu þec geþyde,   þystra stihtend,
420 on clænra gemong?   Þu wið Criste geo
wærleas wunne   ond gewin tuge,
hogdes wiþ halgum.   Þe wearð helle seað
niþer gedolfen,   þær þu nydbysig
fore oferhygdum   eard gesohtes.
425 Wende ic þæt þu þy wærra   weorþan sceolde
wið soðfæstum   swylces gemotes
ond þy unbealdra,   þe þe oft wiðstod
þurh wuldorcyning   willan þines."
     Hyre þa se werga   wið þingade,
430 earm aglæca: "Þu me ærest saga,
hu þu gedyrstig   þurh deop gehygd
wurde þus wigþrist   ofer eall wifa cyn,
þæt þu mec þus fæste   fetrum gebunde,
æghwæs orwigne.   Þu in ecne god,
435 þrymsittendne,   þinne getreowdes,
meotud moncynnes,   swa ic in minne fæder,
hellwarena cyning   hyht staþelie.
Þonne ic beom onsended   wið soðfæstum,

---

437 MS.: *hell wearena* for *hellwarena*

12

þæt ic in manweorcum   mod oncyrre,
440 hyge from halor,   me hwilum biþ
forwyrned þurh wiþersteall   willan mines,
hyhtes æt halgum,   swa me her gelamp
sorg on siþe.   Ic þæt sylf gecneow
to late micles,   sceal nu lange ofer þis,
445 scyldwyrcende,   scame þrowian.
Forþon ic þec halsige   þurh þæs hyhstan meaht,
rodorcyninges giefe,   se þe on rode treo
geþrowade,   þrymmes ealdor,
þæt þu miltsige   me þearfendum,
450 þæt unsællig   eall ne forweorþe,
þeah ic þec gedyrstig   ond þus dolwillen
siþe gesohte,   þær ic swiþe me
þyslicre ær   þrage ne wende."
        Ða seo wlitescyne   wuldres condel
455 to þam wærlogan   wordum mælde:
"Þu scealt ondettan   yfeldæda ma,
hean helle gæst,   ær þu heonan mote,
hwæt þu to teonan   þurhtogen hæbbe
micelra manweorca   manna tudre
460 deorcum gedwildum."   Hyre þæt deofol oncwæð:
"Nu ic þæt gehyre   þurh þinne hleoþorcwide,
þæt ic nyde sceal   niþa gebæded
mod meldian,   swa þu me beodest,
þreaned þolian.   Is þeos þrag ful strong,
465 þreat ormæte.   Ic sceal þinga gehwylc
þolian ond þafian   on þinne dom,
womdæda onwreon,   þe ic wideferg
sweartra gesyrede.   Oft ic syne ofteah,
ablende bealoþoncum   beorna unrim
470 monna cynnes,   misthelme forbrægd
þurh attres ord   eagna leoman
sweartum scurum,   ond ic sumra fet
forbræc bealosearwum,   sume in bryne sende,
in liges locan,   þæt him lasta wearð

---

453 MS.: *ne ge wende* for *ne wende*
456 MS.: *7 dettan* for *ondettan*
467 MS.: *þy* for *þe*
468 MS.: *of* for *oft*

475 siþast gesyne. Eac ic sume gedyde
þæt him banlocan   blode spiowedan,
þæt hi færinga   feorh aleton
þurh ædra wylm. Sume on yðfare
wurdon on wege   wætrum bisencte,
480 on mereflode,   minum cræftum
under reone stream. Sume ic rode bifealh,
þæt hi hyra dreorge   on hean galgan
lif aletan. Sume ic larum geteah,
to geflite fremede,   þæt hy færinga
485 ealde æfþoncan   edniwedan,
beore druncne.   Ic him byrlade
wroht of wege,   þæt hi in winsele
þurh sweordgripe   sawle forletan
of flæschoman   fæge scyndan,
490 sarum gesohte. Sume, þa ic funde
butan godes tacne,   gymelease,
ungebletsade,   þeah ic bealdlice
þurh mislic cwealm   minum hondum
searoþoncum slog. Ic asecgan ne mæg,
495 þeah ic gesitte   sumerlongne dæg,
eal þa earfeþu   þe ic ær ond siþ
gefremede to facne,   siþþan furþum wæs
rodor aræred   ond ryne tungla,
folde gefæstnad   ond þa forman men,
500 Adam ond Aeue,   þam ic ealdor oðþrong,
ond hy gelærde   þæt hi lufan dryhtnes,
ece eadgiefe   anforleton,
beorhtne boldwelan,   þæt him bæm gewearð
yrmþu to ealdre,   ond hyra eaferum swa,
505 mircast manweorca. Hwæt sceal ic ma riman
yfel endeleas? Ic eall gebær,
wraþe wrohtas   geond werþeode,
þa þe gewurdun   widan feore
from fruman worulde   fira cynne,
510 eorlum on eorþan. Ne wæs ænig þara

---

479 MS.: *weg* for *wege*
485 MS.: *eald* for *ealde*
486 MS.: *drucne* for *druncne*

þæt me þus þriste,   swa þu nu þa,
halig mid hondum,   hrinan dorste,
næs ænig þæs modig   mon ofer eorþan
þurh halge meaht,   heahfædra nan
515 ne witgena.   Þeah þe him weoruda god
onwrige, wuldres cyning,   wisdomes gæst,
giefe unmæte,   hwæþre ic gong to þam
agan moste.   Næs ænig þara
þæt mec þus bealdlice   bennum bilegde,
520 þream forþrycte,   ær þu nu þa
þa miclan meaht   mine oferswiðdest,
fæste forfenge,   þe me fæder sealde,
feond moncynnes,   þa he mec feran het,
þeoden of þystrum,   þæt ic þe sceolde
525 synne swetan.   Þær mec sorg bicwom,
hefig hondgewinn.   Ic bihlyhhan ne þearf
æfter sarwræce   siðfæt þisne
magum in gemonge,   þonne ic mine sceal
agiefan gnorncearig   gafulrædenne
530 in þam reongan ham."   Ða se gerefa het,
gealgmod guma,   Iulianan
of þam engan hofe   ut gelædan
on hyge halige   hæþnum to spræce
to his domsetle.   Heo þæt deofol teah,
535 breostum inbryrded,   bendum fæstne,
halig hæþenne.   Ongan þa hreowcearig
siðfæt seofian,   sar cwanian,
wyrd wanian,   wordum mælde:
"Ic þec halsige,   hlæfdige min,
540 Iuliana,   fore godes sibbum,
þæt þu furþur me   fraceþu ne wyrce,
edwit for eorlum,   þonne þu ær dydest,
þa þu oferswiþdest   þone snotrestan
under hlinscuan   helwerena cyning
545 in feonda byrig;   þæt is fæder user,
morþres manfrea.   Hwæt, þu mec þreades
þurh sarslege!   Ic to soþe wat

---

521 MS.: *miclam* for *miclan;* *min* for *mine*
545 MS.: *his* for *is*

þæt ic ær ne sið   ænig ne mette
in woruldrice   wif þe gelic,
550 þristran geþohtes   ne þweorhtimbran
mægþa cynnes.   Is on me sweotul
þæt þu unscamge   æghwæs wurde
on ferþe frod."   Ða hine seo fæmne forlet
æfter þræchwile   þystra neosan
555 in sweartne grund,   sawla gewinnan,
on wita forwyrd.   Wiste he þi gearwor,
manes melda,   magum to secgan,
susles þegnum,   hu him on siðe gelomp.

      *   *   *

                 "georne ær
560 heredon on heahþu   ond his halig [word],
sægdon soðlice   þæt he sigora gehwæs
ofer ealle gesceaft   ana wolde,
ecra eadgiefa."   Ða cwom engel godes
frætwum blican   ond þæt fyr tosceaf,
565 gefreode ond gefreoðade   facnes clæne,
leahtra lease,   ond þone lig towearp,
heorogiferne,   þær seo halie stod,
mægþa bealdor,   on þam midle gesund.
Þæt þam weligan wæs   weorc to þolianne,
570 þær he hit for worulde   wendan meahte,
sohte synnum fah,   hu he sarlicast
þurh þa wyrrestan   witu meahte
feorhcwale findan.   Næs se feond to læt,
se hine gelærde   þæt he læmen fæt
575 biwyrcan het   wundorcræfte,
wiges womum,   ond wudubeamum,
holte bihlænan.   Ða se [hearda] bibead
þæt mon þæt lamfæt   leades gefylde,
ond þa onbærnan het   bælfira mæst,
580 ad onælan,   se wæs æghwonan
ymbboren mid brondum.   Bæð hate weol.

---

549 MS.: *wiþ* for *wif*
555 MS.: *gewinna* for *gewinnan*
558 A page of MS. is missing after *gelomp.*
560 *word* not in MS.
577 MS.: *bi lænan* for *bihlænan; hearda* not in MS.

16

Het þa ofestlice   yrre gebolgen
leahtra lease   in þæs leades wylm
scufan butan scyldum.   Þa toscaden wearð
585 lig tolysed.   Lead wide sprong,
hat, heorogifre.   Hæleð wurdon acle
arasad for þy ræse.   Þær on rime forborn
þurh þæs fires fnæst   fif ond hundseofontig
hæðnes herges.   Ða gen sio halge stod
590 ungewemde wlite.   Næs hyre wloh ne hrægl,
ne feax ne fel   fyre gemæled,
ne lic ne leoþu.   Heo in lige stod
æghwæs onsund,   sægde ealles þonc
dryhtna dryhtne.   Þa se dema wearð
595 hreoh ond hygegrim,   ongon his hrægl teran,
swylce he grennade   ond gristbitade,
wedde on gewitte   swa wilde deor,
grymetade gealgmod   ond his godu tælde,
þæs þe hy ne meahtun   mægne wiþstondan
600 wifes willan.   Wæs seo wuldres mæg
anræd ond unforht,   eafoða gemyndig,
dryhtnes willan.   Þa se dema het
aswebban sorgcearig   þurh sweordbite
on hyge halge,   heafde bineotan
605 Criste gecorene.   Hine se cwealm ne þeah,
siþþan he þone fintan   furþor cuþe.
    Ða wearð þære halgan   hyht geniwad
ond þæs mægdnes mod   miclum geblissad,
siþþan heo gehyrde   hæleð eahtian
610 inwitrune,   þæt hyre endestæf
of gewindagum   weorþan sceolde,
lif alysed.   Het þa leahtra ful
clæne ond gecorene   to cwalde lædan,
synna lease.   Ða cwom semninga
615 hean helle gæst,   hearmleoð agol,
earm ond unlæd,   þone heo ær gebond
awyrgedne   ond mid witum swong,
cleopade þa for corþre,   ceargealdra full:

---

586 MS.: æleð for Hæleð
599 MS.: meahtum for meahtun

"Gyldað nu mid gyrne,   þæt heo goda ussa
620 meaht forhogde,   ond mec swiþast
geminsade,   þæt ic to meldan wearð.
Lætað hy laþra   leana hleotan
þurh wæpnes spor,   wrecað ealdne nið,
synne gesohte.   Ic þa sorge gemon,
625 hu ic bendum fæst   bisga unrim
on anre niht   earfeða dreag,
yfel ormætu."   Þa seo eadge biseah
ongean gramum,   Iuliana,
gehyrde heo hearm galan   helle deofol.
630 Feond moncynnes   ongon þa on fleam sceacan,
wita neosan,   ond þæt word acwæð:
"Wa me forworhtum!   Nu is wen micel
þæt heo mec eft wille   earmne gehynan
yflum yrmþum,   swa heo mec ær dyde."
635   Ða wæs gelæded   londmearce neah
ond to þære stowe   þær hi stearcferþe
þurh cumbolhete   cwellan þohtun.
Ongon heo þa læran   ond to lofe trymman
folc of firenum   ond him frofre gehet,
640 weg to wuldre,   ond þæt word acwæð:
"Gemunað wigena wyn   ond wuldres þrym,
haligra hyht,   heofonengla god.
He is þæs wyrðe,   þæt hine werþeode
ond eal engla cynn   up on roderum
645 hergen, heahmægen,   þær is help gelong
ece to ealdre,   þam þe agan sceal.
Forþon ic, leof weorud,   læran wille,
æfremmende,   þæt ge eower hus
gefæstnige,   þy læs hit ferblædum
650 windas toweorpan.   Weal sceal þy trumra
strong wiþstondan   storma scurum,
leahtra gehygdum.   Ge mid lufan sibbe,
leohte geleafan,   to þam lifgendan
stane stiðhydge   staþol fæstniað,
655 soðe treowe   ond sibbe mid eow

---

620 MS.: *for hogd* for *forhogde*   630 MS.: *flean* for *fleam*
628 MS.: *Iulianan* for *Iuliana*   640 MS.: *a cwęð* for *acwæð*

healdað æt heortan,   halge rune
þurh modes myne.   Þonne eow miltse giefeð
fæder ælmihtig,   þær ge [frofre] agun
æt mægna gode,   mæste þearfe
660 æfter sorgstafum.   Forþon ge sylfe neton
utgong heonan,   ende lifes.
Wærlic me þinceð   þæt ge wæccende
wið hettendra   hildewoman
wearde healden,   þy læs eow wiþerfeohtend
665 weges forwyrnen   to wuldres byrig.
Biddað bearn godes   þæt me brego engla,
meotud moncynnes,   milde geweorþe,
sigora sellend.   Sibb sy mid eowic,
symle soþ lufu."   Ða hyre sawl wearð
670 alæded of lice   to þam langan gefean
þurh sweordslege.   Þa se synscaþa
to scipe sceohmod   sceaþena þreate
Heliseus   ehstream sohte,
leolc ofer laguflod   longe hwile
675 on swonrade.   Swylt ealle fornom
secga hloþe   ond hine sylfne mid,
ærþon hy to lande   geliden hæfdon,
þurh þearlic þrea.   Þær XXX wæs
ond feowere eac   feores onsohte
680 þurh wæges wylm   wigena cynnes,
heane mid hlaford,   hroþra bidæled,
hyhta lease   helle sohton.
Ne þorftan þa þegnas   in þam þystran ham,
seo geneatscolu   in þam neolan scræfe,
685 to þam frumgare   feoh ge stealde
witedra wenan,   þæt hy in winsele
ofer beor selle   beagas þegon,
æpplede gold.   Ungelice wæs
læded lofsongum   lic haligre
690 micle mægne   to moldgræfe,
þæt hy hit gebrohton   burgum in innan,
sidfolc micel.   Þær siððan wæs
geara gongum   godes lof hafen
þrymme micle   oþ þisne dæg

---

658 *frofre* not in MS.

695 mid þeodscipe.   Is me þearf micel
    þæt seo halge me   helpe gefremme,
    þonne me gedælað   deorast ealra,
    sibbe toslitað   sinhiwan tu,
    micle modlufan.   Min sceal of lice
700 sawul on siðfæt,   nat ic sylfa hwider,
    eardes uncyðgu;   of sceal ic þissum,
    secan oþerne   ærgewyrhtum,
    gongan iudædum.   Geomor hweorfeð
    ·ᚻ· ·ᛖ· ond ·ᛁ·   Cyning biþ reþe,
705 sigora syllend,   þonne synnum fah
    ·ᛗ· ·ᚹ· ond ᚢ·   acle bidað
    hwæt him æfter dædum   deman wille
    lifes to leane.   ·ᛚ· ·ᚠ· beofað,
    seomað sorgcearig.   Sar eal gemon,
710 synna wunde,   þe ic siþ oþþe ær
    geworhte in worulde.   Þæt ic wopig sceal
    tearum mænan.   Wæs an tid to læt
    þæt ic yfeldæda   ær gescomede,
    þenden gæst ond lic   geador siþedan
715 onsund on earde.   Þonne arna biþearf,
    þæt me seo halge   wið þone hyhstan cyning
    geþingige.   Mec þæs þearf monaþ,
    micel modes sorg.   Bidde ic monna gehwone
    gumena cynnes,   þe þis gied wræce,
720 þæt he mec neodful   bi noman minum
    gemyne modig,   ond meotud bidde
    þæt me heofona helm   helpe gefremme,
    meahta waldend,   on þam miclan dæge,
    fæder, frofre gæst,   in þa frecnan tid,
725 dæda demend,   ond se deora sunu,
    þonne seo þrynis   þrymsittende
    in annesse   ælda cynne
    þurh þa sciran gesceaft   scrifeð bi gewyrhtum
    meorde monna gehwam.   Forgif us, mægna god,
730 þæt we þine onsyne,   æþelinga wyn,
    milde gemeten   on þa mæran tid.   Amen.

---

698 MS.: *sin hi,wan* for *sinhiwan*
701 MS.: *uncyðþu* for *uncyðgu*   723 MS.: *miclam for miclan*

I þe feaderes 7 i þe sunes 7 i þe hali gastes *f. 36 v.*
Nome. Her Biginneþ þe liflade. ant te
passiun of seinte Iuliene.

In ure lauerdes luue þe feader is of frumscheft.
ant iþe deore wurðmunt of his deorewurðe su
ne. 7 iþe heiunge of þe hali gast. þe of ham
baðe glideð. an godd unagin euch godes ful.
5 Alle leawede men. þe understonden ne mahen
latines ledene: lideð 7 lusteð þe liflade of a meiden.
þ is of latin iturnd: to englische leode. wið þon *f. 37 r.*
þ teos hali leafdi. in heouene luuie us þe mare.
7 þurh þis lihinde lif: leade us to þ eche. þurh
10 hire eadi erndunge. þ crist is swiðe icweme.
Þeos meiden 7 teos martyr þ ich of munne:
wes Iuliene inempnet. i Nichomedese burh.
Al of heaðene cun icumen 7 akennet. 7 hire
fleshliche feader affrican hehte. þe heande 7
15 heascede mest men þe weren cristene. 7 droh ham
þurh derue pinen to deaðe. Ah heo as þeo þ te
hehe heouenliche lauerd hefde his luue ilenet. leaf
de hire ealdrene lahen 7 bigon to luuien þen
aa liuiende goð þe lufsume lauerd. þ schupte al
20 le scheaftes 7 wealdeþ 7 wisseð efter þet his wil
is. al þ ischeapen is.
Wes iþon time as þe redunge telleð. þe modi
Maximien keiser irome. heriende. 7 heiende
heaðene maumez. wið unimeað muchel hird. 7
25 wið heh duheðe. 7 fordemde alle þeo þe o drih
tin bilefden. þes mihti maximien luuede an
eleusium biuoren monie of his men. Akennet
of heh cun. 7 swiðe riche of rente. 7 ȝung
mon of ȝeres. þes ȝunge mon eleusius. þ þus wes
30 wel wið þe king. hefde iunne feolahschipe to

---

* This text is based on the strictly diplomatic edition of the legend
of Saint Juliana in MS. Bodley 34 (see Textual Sources).

affrican. 7 wes iwunet ofte to cumen wið him
to his in. 7 iseon his dohter.
As he hefde en chere bihalden swiðe ʒeor
ne hire utnunme feire. 7 freoliche ʒuhe
35 ðe: felde him iwundet in wið in his heorte
wið þe flan of luue fleoð. swa þ him þuh
te þet ne mahte he nanes weis wið ute þe
lechnunge of hire luue libben. Ant efter
lutle stomde wið ute long steuene. wes him
40 seolf sonde to affrican hire feader. 7 bisohte
him ʒeorne þ he hire ʒeue him. 7 he hire
walde menskin wið al þ he mahte. As þe þing
i þe world þ he meast luuede. Affrican wiste
þ he wes swiðe freo iboren. ant walde wel bi
45 cumen him a freo iboren burde. 7 ʒetede
him his bone. Ha wes him sone ihondsald
þah hit hire unwil were. Ah ha truste up
on him þ ne truked na mon. ha trewliche
him truste on. 7 eode to chirche euche da
50 heðes dei. to leornin godes lare. biddinde ʒe
orne wið reowfule reames. þ he wissede hire
o hwuche wise ha mahte witen hire meiðhað
from mones man vnwemmet.
Elewsius þ luuede hire þuhte swðe longe þ
55 ha neren to brudlac 7 to bed ibrohte. ah
heo forte werien hire wið him summe hwile:
sende him to seggen. þ nalde ha nawt lih
ten se lahe to luuien. Ne nalde ha neole
chin him for na liuiende mon. ear þen he
60 were under Maximien. hehest i Rome. þ
is heh reue. He ase timliche as he hefde
iherd þis. biʒet et te keiser þet he ʒette
him al þ he walde. 7 lette as me luuede þa
leaden him i cure up o fowr hweoles. 7 teon
65 him ʒeonte tun þron from strete to stre
te. Al þe cure ouertild þ he wes itohen on:
wiþ purpres 7 pelles. wið ciclatuns 7 cen
dals 7 deorewurðe claðes. As þe þ se heh
þing hefde to heden. ant se riche ref
70 schipe to rihten 7 to readen. þa he hef

de þus idon. sende hire þus to seggen hire
wil he hefde iwraht. Nu his ha schulde
wurchen. Iuliene þe eadie ihesu cristes leofmon
of his blisfule luue balde hire seoluen 7 sen
75 de him to al openliche bi sonde to seggen.
þis word ha send te for nawt þu hauest iswech
te. wreaðe se þu wreaðe. Do þ tu do wult nule
ich ne ne mei ich lengre heolen hit te ȝef
þu wult leauen. þe lahen þet tu liuest in ant
80 leuen igodd feader 7 in his deorwurðe su
ne. 7 iþe hali gast folkene froure. an godd
þ is igret wið euches cunnes gode: Ich chule   *f. 38 v.*
wel neome þe. 7 ȝef þ tu nult no: þu art
windi of me. 7 oðer luue sech þe. Pa þe hehe
85 reue iherde þis ondswere: bigon to wreðen swi
ðe. 7 cleopede hire feder forð. 7 feng on to tellen.
hwuch word ha sende him. Efter þ he wende forte
habben idon al þ he wilnede. Affrican hire feader
wundrede him swiðe. 7 bigon to swerien. bi þe ilke
90 godes þ me is lað to gremien. beo hit soð þ tu sei
ist: to wraðer heale. ha sehð hit. ant ich wulle o
great grome al biteachen hire þe. 7 tu do hi
re. al þ tu wult. He þonkede him. 7 heo wis icle
opet forð. 7 affrican hire feader feng on earst
95 feier on: to lokin ȝef he mahte wið eani luue
speden. Iuliene qð he mi deorewurðe dohter. sei
me hwi þu. forsakest þi sy 7 ti selhðe? þe weolen
7 te wunnen. þe walden awakenen. 7 waxen of
þe wedlac þ ich reade þe to. hit nis nan eðelich
100 þing. þe refschipe of rome. and tu maht ȝef þu
wult. beon burhene leafdi. 7 of alle þe londes þe
þer to liggeð. Iuliene þe eadie ontswerede him
7 seide. ȝef he wule luuien. 7 leuen godd al mihti:
þenne mei he þrof. 7 speden inohreaðe. for ȝef he
105 þ nule no: ich segge þe þ soð is. ne schal he wiuen
on me. Sei nu hwet ti wil is. affrican wreaðede 7
swor swiðe deopliche. for þe drihtfule godd apollo   *f. 39 r.*
mi lauerd. 7 mi deore leafdi þe deorewurðe diane þ

---

99 MS.: *treade* for *reade*

ich muche luuie. ʒef þu haldest her on: ich schal
110 leote wilde deor to luken 7 toteore þe 7 ʒeoue þi
flesch fode to fuheles of þe lufte. Iuliene him on
dswerede. 7 softeliche seide. Ne lef þu nawt leoue
feader þ tu offeare me swa: ich swerie aʒein. þe
ihesu crist godes sune. þ ich on leue. 7 luuie as leof
115 lukest. 7 lufsumest lauerd. þah ich cwic beo forbe
arnd baðe lim 7 ileitinde leie. Nulle ich þe
her onont. þreate se þu þreate buhe ne beien.
Affrican feng eft on. 7 to fondin ongon ʒef
he mahte eanis weis wið olhnunge wenden hi
120 re heorte. 7 leoftede luueliche. 7 seide hir sikerli
che. þ ne schulde ha lihtliche wilni na wunne: þ
ha ne schulde wealden. wið þenan þ ha walde hire
wil wenden. Nai qð ha þ nis nawt. schulde ich do
me to him. þ alle deoflen is bitaht. 7 to eche deað
125 fordemet. to forwurðe wið him worlt buten ende iþe
putte of helle? for his wedlackes weole oðer for ei
wunne. To soðe ich hit segge þe. vnwurð hit is
me. Ich chulle þ he wite hit ful wel. 7 tu eke mid
al: ich am to an iweddet þ ich chulle treowliche wið
130 ute leas luuien. þ is unlich him 7 alle worltliche
men. ne nulle ich neauer mare him lihen ne lea
uen. for weole ne for wunne. for wa ne for won   *f. 39 v.*
treaðe þ ʒe me mahen wurchen.
Hire feader feng on to wreaððin swiðe ferliche
135 7 easkede hire hokerliche. Ant hwet is he þes
were þ tu art to iweddet. þ tu hauest wið ute me
se forð þi luue ilenet. þ tu letest lutel. of al þ
tu schuldest luuien. Ne ich nes neuer þ ich
wite ʒet. wið him icnawen. for gode qð þe mei
140 den þin hearm is þe mare. Nawt for þi þ tu
nauest iherd of him ʒare. þ is ihesu godes su
ne. ð forte alesen moncun þ schulde beon for
loren al: lette lif o rode. Ich ne seh him neauer
7 þ me of þuncheð. Ah ich him luuie 7 wulle
145 don. 7 leue on as o lauerd. Ne schal me firsen
him from. Nowðer deouel ne mon. for mi
lif qð hire feader þe schal laðin his luue. for
þu schalt habbe þrof hearm 7 scheome baðe

7 nu þu schalt on alre earst. as on ernesse
150 swa beon ibeaten wiþ bittere besmen. þ tu
weren wummon of wummone bosum to wraðer
heale eauer iboren iþe worlde. Swa much qð
þ meiden ich beo him þe leouere. se ich derfre
þing for his luue drehe [   ] þu þ ti wil is. ȝe
155 qð he bliðeliche. ant swiðe heatterliche. stru
pen hire steort naket. 7 leggeð se luðer
liche on hire leofliche lich: 7 hit liðeri o blode.   *f. 40 r.*
Me nom hire 7 dude swa þ hit ȝeat adun of
þe ȝerden. ant heo bigon to ȝeien. Beaten se
160 ȝe beaten ȝe beliales budeles. ne mahe ȝe no
wðer mi luue ne mi bileaue lutlin towart te
liuiende godd mi leofsume leofmon. þe luue
wurðe lauerd. ne nulle ich leuen ower read þe for
readeð ow seolf. ne þe mix maumez þe beoð þes
165 feondes fetles: heien ne herien. for teone ne
for tintreohe þ ȝe me mahe timbrin. Na nult
tu qð affrican. hit schal sone sutelin. for ich ch
ulle sende þe nu 7 biteache þi bodi to eleusium
þe riche þ reue is ouer rome. ant he schal þe for
170 readen. 7 makie to forswelten. as his ahne wil
is þurh al þet eauer sar is.
ȝe qð þis meiden þ mei godd welden. ne mahe
ȝe nawt do me bute þet he wule þeauien 7 þo
lien ow to donne to mutli mi mede 7 te murhðe
175 þ lið to meiðhades menske. for eauer se ȝe
nu her mearreð me mare: se mi crune schal
beon brihttre ba 7 fehere. for þi ich chulle
bliðeliche 7 wið bliðe heorte drehen eauer euch
derf. for mi leofmones luue þe lufsume lauerd
180 7 softe me bið euch sar in his seruise. þu wult
þu seist aȝeoue me to eleusium þe luðere. a ȝef
me for nawiht ne ȝeoue ich for inc nowðer. þet   *f. 40 v.*
ȝe mahen ane pine me here. Ah hit ne hearmeð
me nawt. ah helpeð 7 heueð up 7 makeð mine
185 murhðes monifalde in heouene. ant ȝef ȝe doð

---

151 MS.: *werē* for *weren*
154 [ ]: erasure of three letters

me to deað. hit bið deore to godd. 7 ich schal
bliðe bicumen to endelese blissen. ant ȝe schu
len wrecches wei ower wurðes. þ ȝe weren iþe worlt
iboren 7 ibroht forð se wraðer heale ȝe schule
190 sinken adun to sar 7 to eche sorhe. to bitternes
se ant to bale deope into helle.
Affrican hire feader bitterliche iteonet bitaht
te hire eleusium þe luðere reue of rome 7 let
te bringen hire biuoren his eh sihðe. as he set
195 7 demde. þe hehe burh domes. As he biseh 7 biheo
ld hire lufsume leor lilies ilicnesse 7 te rudi ase
rose. 7 under hire nebscheft al se freoliche ischa
pet: weorp a sic as a wiht þ sare were i wundet. His
heorte feng to heaten 7 his meari mealten þe
200 rawen rahten of luue þurh euch lið. of his li
mes. 7 inwið bearnde of brune swa 7 cwakede as
of calde. þet him þuhte in his þonc. þet ne bede
he iþe worlt nanes cunnes blisse: bute hire bodi
ane. to wealden hire wið wil efter þ he walde. 7 bi
205 gon wið swotnesse soffte to seggen.
Mi lif 7 mi leofmon. 7 leafdi ȝef þu wel wult ase

[A leaf is missing between present folios 40 and 41]

tu for na schaht þe sonre seo me slakien to   *f. 41 r.*
luuien 7 to leuen oþen liuiende godd alre
gume lauerd
210 Þe reue feng to rudnin igrome of great
heorte. 7 het his heaðene men strupin hi
re steort naket. 7 strecchen oþer eorðe. 7
hwil þ eauer six men mahten idrehen beaten hi
re beare bodi. þ ha al were bigoten of þe blo
215 de. Ha duden al as he bed. 7 hwil þ ha beoten
hire: bigunnen to ȝeien. þis is a biginnunge
of þe sar þ tu schalt: 7 of þe scheome drehen:
ȝef þu nult to ure wil buhen 7 beien. Ah ȝet
þu maht ȝef þu wult burhe þe seolfen. ant
220 ȝef þu mare wið seist? alre monne wurðe
him wurst of wa 7 of wontreaðe þe ne wurche
þe meast.
Doð qð ha deofles limen al þ te deoflen hwas driueles ȝe

26

beoð driueð ow te donne. lutel me is of ower
225 luue. leasse of ower laððe. 7 of þes þreates
riht noht: wite ȝe hit to wisse. Na cweden ha.
wa him þe ne fondi to dei for te wurche þe
wurst. þer wes sorhe to seon on hire freoliche
flesch hu ha ferden þer wið. Ah heo hit al
230 þuldeliche þolede for drihtin. 7 hwen ha fel
de meast sar: sikerlukest seide. Haldeð longe
ne leaue ȝe neauer. for nulle ich leauen his   *f. 41 v.*
luue. þ ich on leue. ne for luue. nowðer ne
for luþer eie.
235 Eleusius iherde þis. 7 feng his neb to rudnin
ant tendrin ut of teone. 7 hehte swiðe neo
men hire 7 teon biþe top up: 7 swa me dude sone.
swa þ ha hongede feor from þer eorðe. bi þe uax
ane. 7 leiden þa se luðerliche on hire on euch
240 halue: þ euch dunt defde in hire leofliche
lich þe ȝet of þe ȝerden al o gure blode.
lauerd godd almihti qð ha loke to þi mei
den. þu fondedest abraham 7 fundest him
treowe. lef me þ ich mote. þe treowliche luuien.
245 Halt me healent min ihesu crist godes sune as þu
hauest bigunnen. for nam ich strong of na
þing buten of þi strengðe. 7 o þe itruste al:
7 nawt o me seoluen. Ant her ich bihate þe.
swuc hope ich habbe to þin help. milde godd
250 al mihti, ne schal neauer mi luue. ne mi bile
aue towart te lutlin ne lihen. for na derf ne
for na deað. þ ich schule drehen.
Pa eleusius seh þ ha þus feng on to festnin hire
seoluen isoðe bileaue: þohte he walde don hire
255 anan ut of dahene. 7 bed biliue bringen
forð brune wallinde bres. 7 healden hit se wal
hat hehe up on hire heaued. þ hit urne end   *f. 42 r.*
delong hire leofliche lich adun to hire hea
len. Me dude al as he het. Ah þe worldes weal
260 dent þ wiste sein iuhan his ewangeliste unh
urt iþe ueat of wallinde eoli þer he wes i don

---

255 MS.: *of anan* for *anan*

in. þ ase hal com up þrof: as he wes hal mei
den. þe ilke liues lauerd. wiste him unwemmet.
his brud of þe bres þ wes wallinde. swa þ ne
265 þuhte hit hire buten ase wlech weater al þ
ha felde. Eleusius wod þa nuste hwet segen.
Ah hehte swiðe don hire ut of his eh sihðe. 7
dreaien in to dorc hus to prisunes pine ant
swa ha wes idon sone.
270 Heo as ha þrinne wes i þeosternesse hire ane. feng
to cleopien to crist 7 bidde þeos bone. lauerd
godd al mihti mi murhðe 7 mi mede. mi
sy 7 al þe selhðe. þ ich efter seche þu sist al
hu ich am bisteaðet 7 bistonden. festne mi
275 bileaue. Riht me 7 read me. for al mi
trust is on þe. Steor me 7 streng me for
al mi strengðe is of þe. Mi feader 7 Mi moder
for þi þ ich nule þe forsaken: habbe forsake me.
7 al mi nestfalde cun. þ schulde beo me best fre
280 ond: beoð me meast feondes. 7 mine in hinen:
alre meast heamen. herewurðe healent. habbe
ich þin anes help. icham wil cweme ne for leaf   f. 42 v.
þu me nawt luuiende lauerd. as þu biwistest dani
el bimong þe wode liuns i latet se luðere. 7 te
285 þreo children þe chearre nalden from þe lahen
þ ha schulden luuien. Ananie 7 Azarie 7 Misa
hel inempnet. As þu al wealdent biwistest ham
unwemmet. wid þ ferliche fur i þe furneise.
swa þu wunne of þe worlt wite me 7 were 7
290 witere. 7 wisse þurh þi wisdom to wite me wið
sunne. lauerd liues lattow. lead me þurh þis lea
se. þis lutle leastinde lif: to þe hauene of heale.
as þu leaddest israeles leode of egipte bute schip
dru fot þurh þe reade sea. 7 asenchtest hare
295 uan þe ferden ham efter. 7 tu folkes feader.
aual mine va men. 7 tu drihtin to drif þe
deouel þ me derueð. for ne mei na monnes stre
ngðe wið uten þin stonden him to ȝeines. les
me þ ich mote mihti meinfule godd i seon
300 him ischeomet ȝet þe weneð me to schren
chen. 7 schunchen of þe nearowe wei þ

leadeð to eche lif. looke me from his lað li
uiende lauerð. Make me war 7 wite me wið his
crefti crokes. þ ha me ne crechen. were me
305 swa wið þen vnwine. helpleses heale. þ tu beo
iheiet 7 iheret eaure in eorðe. as in heouene.
Beo þu aa iblescet lauerd as þu were ant art   *f. 43 r.*
7 schalt beon in eche.
    As ha þeos bone hefde ibeden: com akempe of
310 helle on englene heowe. 7 feng on to motin þus
wið his meiden. Iuliene mi leofmon þu hauest for
mi luue muchel idrohen 7 idrahen þu hauest
feorliche fan þ te fehteð aӡein. ha greiðið þe
o grome nu alles cunnes pinen. ne mei ich þo
315 lien. þ ha þus mearren þe na mare. þu art inoh
ifondet 7 tu hauest mi freondschipe inoh swiðe
ofseruet. me areoweð þi sar. Ah nuðe mi read.
wurch eleusius wil. for ich þe ӡeoue leaue.
Þes Meiden wes awundret swiðe of þes wordes. 7
320 as ha wes offearet: feng on to freinin. Hwet
wiht qð ha art tu þ þulli word me bringest. Ich
hit am qð þe unwiht. godes heh engel forte seg
ge þe þis isent te from heouene. Ha wundrede
hire swiðe. 7 as þeo þe nes nawt of lihte bileaue. stille
325 bute steauene on heh in hire heorte cleopede
to criste.
    Ihesu qð ha godes sune þ art þi feader wisdom wisse
me þi wummon hwet me beo to donne. 7 ӡef þi deore
wil is do me to understonden. þ þe þ þis seið me ӡef
330 he beo þi sonde. 7 com sihinde adun fofte from
heouene. asteuene þe seide hire. Iuliene. þe eadie
iblescet beo þe time. þ tu ibore were. nule nawt   *f. 43 v.*
þi leofmon þoli na leas þing ta lihe þe longe.
Hit is þe stronge vnwiht þe stont ter of helle.
335 ga nu neor 7 nim him. 7 wið þe bondes þ ter beoð
bind him heteueste. Godd al mihti ӡeueð þe mah
te forte don hit. 7 tu schalt leaden him al effter
þ te likeð. 7 he schal al telle þe vnþonc in his teð
þ tu wilnest to witen. 7 kenne þe 7 cuðen al þ tu
340 easkest. þis eadi meiden as ha wes iwisset þurh
þen engel: leop to 7 ilahte him. 7 seide. sei me

29

swiðe. hwet tu beo 7 hweonene. 7 hwa þe hider
sende. ant he wið þ ilke feng to hwenden heo
wes. ant warð swuch as he wes vnhwiht of helle.
345 leafdi qð he leaf me. 7 ich chulle seggen. Do swi
ðe sei me for ich chulle lowse þe 7 leten hwen
me puncheð.
Deore leafdi qð he þa ich hit am þe deouel belial
of alle unwreste unwhihtes þe wurste 7 meast
350 awariet. for nis me neauer wel ne nes: bute hwen
ich makede moncun to wurche to wundre. Ich
hit am. þ weorp ut adam 7 eue: of paraise sel
hðe. 7 ich hit am þ makede caym þe acursede
acwalde his broðer abel. ant ich hit am þ make
355 de nabugodonosor. þe kene king of caldey ma
kien þe maumez igoten al of golde. ant ich
hit am þ makede þ te þreo children icoren ouer þe *f. 44 r.*
oþre: were idust to fordon iþet ferliche fur of
þe muchele ouen. Ant ich hit am þ makede þen
360 muchele witti witede ysaie. beon isahet þurh
7 þurh to deaðe. And ich hit am þ makede to on
tenden ierusalem. 7 godes deore temple to driuen al
to duste. Ant ich hit am þ makede. 7 readde israeles
folc to leauen iþe wildernesse. þe lauerd þ alesde ham
365 of pharaones þeowdom. 7 makeden ham godes
igotene. to heien 7 to herien. Ant ich hit am. þe
reafde þe riche Iob his ahte. swa þ he weolewede
of wontreðe i þe mixne. ant ich hit am þ sum
chearre wes þurh þe wise Salomon ethalden. Ant
370 ich hit am et makede sein iuhan þe baptiste be
on heafdes bicoruen. 7 seinte stephene isteanet.
ant ich hit am þ spec þurh simunes muð. þe wic
che. þe weorrede eauer aȝein peter 7 pawel. Ant
ich hit am þe readde nerun þe riche keiser of ro
375 me to don o rode peter. 7 to biheafdin pawel. ant
ich makede þe cniht to þurlin godes side wið schar
pe speres ord. þah ich talde aldei: ȝet ich mahte
tellen. for ma wundres ich habbe iwraht: þene ich
mahte munien. 7 ma mone bone ibeon: þen
380 ei of mine brreðren.
Do sei me qð þe meiðen hwa sende þe to me: ant hwa

is meister ouer þe. leafdi qð he belzeebub. þe balde *f. 44 v.*
þurs of helle. Hwet is qð ha his werc. ꝛ hwet wur
cheð he mest: leafdi ȝef þi wil is, he ifint euch uuel
385 ꝛ biþencheð hit al. ꝛ sendeð us þenne þider as
him þuncheð. ꝛ hwen we nawt ne spedeð ne ne
mahen wrenchen sum rihtwis of þe weie: we
dearieð ꝛ ne durren nohwer cume biuoren him.
ꝛ he heterliche hat þeo þ habbeð iwraht efter his
390 wille. Hwer se ha us ifinden. beaten us. ꝛ binden ꝛ
don us mare wa on: þen ei mon mahte þolien. for
þi we moten leafdi buhen swiðe ꝛ beien to ure lu
uewrðe feader. ꝛ wurchen alle his wille.
Sei qð ha witerluker ȝet. hu ȝe wurchen ꝛ o hwuche
395 wise ȝe bichearreð godes children. leafdi qð he
Iuliene þe ich font. ꝛ habbe ifolhet me to wraðer
heale: Ich wende iwis to leade þe into þine ealdrene
lahen. ꝛ makie to leauen þe luue of þi lauerd. ant
feng on to fondin þe. ah ich am aueallet. Ich ch
400 ulle kenne þe nu al þ tu easkest Hwer se we eauer
iseoð mon oðer wummon eani god biginnen:
we wepnið us aȝein ham ꝛ makieð iswiken al þ
best mahte wenden hare heorte ant makien ham
to þenchen þohtes þer to ȝeines. ꝛ wendeð to o
405 ðer willes þ ham wulleð hearmin. ꝛ makieð ham
forte leose lust. forte bidde ȝeorne þ godd bineo
me ham þe wil: þ we in ham warpeð ꝛ unst *f. 45 r.*
rengið þer wið. ꝛ we strenged þer wið on ham
al car ha lest wenen. ꝛ ȝef we seoð ham ȝeor
410 nliche sechen to chirche. ꝛ ter swiðe bi ham seolf
bireowsin hare sunnen. ꝛ leofliche lustnin ha
li chirche lare. þer we beoð ȝetten bisiliche ham
abuten. ꝛ mare þer þen elles hwer to letten
ham ȝef we mahen. ꝛ wrenchen hare þonkes to
415 wart unnette þinges. Ah hwucche se beoð se
stealewurðe. þ ha understonden ham ꝛ warpeð
ut wið strengðe: ut of hare heorte. unwreaste
willes þ ich ham in warpe. ꝛ ȝeornliche ȝei
ȝeð efter godes grace to help ꝛ to heale. ꝛ þen
420 ne meast hwen þe preost in wið þe messe noteð
godes licome þ he nom of þ laðlese meiden:

þer is riht bileaue. 7 in wardliche bonen swa
icweme to godd. þ i þ ilke time we beginneð
to fleon 7 turneð to fluhte þis is al þ we
425 doð i cristemen 7 eggið eauer to vuele.
Me ȝe eateliche wihtes qð þ eadi wummon.
hu durre ȝe eauer neomen ow to cristes ico
rene: Me sei me seli meiden qð he hu derst
tu halde me 7 hondlin se heterliche
430 bute þuh þ tu art trusti o þi lauerd. 7 ich
do as þu dest. truste o mi lauerd þ is meister
of alle mixschipes 7 wurche his wil ouer al ase forð *f. 45 v.*
as imei. 7 ȝef ich mahte forðre ich walde beo þe
feinre. ah nat i hwet vnselisið makede me her to se
435 chen. bute mi muchele unselhðe sohte þe to seonne.
wumme aa þ sihðe se sariliche hit sit me. ne set me
neauer na þing se luðere ne se sare. wei hwi nefde
ich iwist. hwuch weane me wes towart. Ne mi kine
wurðe feader ne cuðe nat warnin of þulli wa his
440 foster. forlet me nu leafdi 7 ich chulle al bileaue
þe. 7 folhin an oþer. oþer ich chulle forwreie þe to
meinfule feader. Ah wel ich warni þe uore. hit nis
nawt þin biheue. O qð ha Iuliene ihesu cristes leof
mon þreates tu me wrecche? þe schal iwurðen godd
445 hit wat godes þe wurse. 7 grap a great raketehe
þ ha wes wið ibunden. 7 bond bihinden his rug
ba twa his honden. þ him wrong euch neil 7 bla
kede of þe blode. 7 duste him ruglunge adun
riht to þer eorðe. 7 stondinde o þe steorue nom
450 hire ahne bondes 7 bigon to beaten þen be
lial of helle. 7 he to rarin reowliche. to ȝuren
ant to ȝein. 7 heo leide on se luðerliche þet
wa wes him o liue.
O mi leafdi Iuliene qð he. euening wið apostel.
455 patriarchen ilich. 7 leof wið alle martyrs. en
glene feolahe. 7 archanlene freonð friðe
ane hwhile ich halsi þe o godes half. 7 on his sune *f. 46 r.*
rode. þ we se muchel ðredeð. 7 o þe pine 7 o þe deað.
þ he droh for moncun milce haue 7 merci wummon of
460 mi wrecchedom
Stew þe steorue of helle. qð þ eadie meiden. Merci

nan nis wið þe. for þi neahest tu nan milce to
ifinden. Ah sei me swiðe. mare of þe wa þ tu hauest
7 of woh iwraht mon. leafdi leaf þe hwile. 7 hald
465 þine eadi honden. Ich habbe iblend men 7 ibroken
ham þe schuldren. 7 te schonken. i fur iwarpen
ham 7 i water. 7 hare ahne blod ich habbe ofte ima
ket ham to spitten 7 to speowen. 7 te an to sclein
þen oþer. 7 a hon him seoluen. Me witti wummon.
470 hu wult tu þ ich endi þe. þe tale þe waxeð aa as ich
telle. Se feole ich habbe ifulet of þeo þe neren ible
scet nawt se wel as ham bihofde: þ ne mahte hit
na mon rikenin ne reden. of al þ uuel iþe world.
hwet wult tu wurse. ich am of þe sprunges. þe
475 an þ hit meast of springeð. ne neauer adet tis dei
nes ich þus ihondlet. O þe mihte of meiðhad as þu
art iwepnet to weorrin aȝein us. ȝet tu wurchest
us wurst of al þ us wadeð as þu dudest eaure. Ah
we schule sechen efter wrake on alle þeo þ te bi
480 witeð. ne ne schulen ha neauer beo sker of ure weor
re. we wulleð meidenes a mare heanen 7 heatien.
7 þah monie etsterten us summe schulen stutten   f. 46 v.
O ihesu godes sune. þe hauest þin hehe seotel o
meiðhades mihte. hire to muche menske. wa wur
485 chest tu us þer wið. to wel þu witest ham þe tre
owliche habbeð hire in heorte forte halden. ȝef
ha milde 7 meoke beon as meiden deh to beonne.
wið þ he þis hefde iseid: bigon swa te ȝuren þ
monie weren awundret. hwet tet ȝur were.
490 Eleusius þe reue het lokin ȝef ha liuede. 7 brugen
hire biuoren him. ȝef ha were oliue. Heo þe
weren ihaten forð 7 funden hire þus. 7 of þ gris
liche gra weren agrisen swiðe. leadden hire þah forð.
7 heo leac eauer efter hire þen laddliche of helle
495 þ olhnede swiðe. 7 bed tus 7 bisohte. Mi leoue leaf
di Iuliene ne make þu me nawt men to hutung
ne to hokere. þu hauest ido me wa inoh þah þu
ne do me wurse. Ich habbe wumme forloren mi leoue
feaderes freontschipe. Ne neauer mare her on u
500 uen ne der ich cumen biuoren him. Mihti mei
den leaf me o godes half ich halsi þe. ȝe beoð criste

33

ne men. ȝef hit is soð þ me seið. merciable 7 milz
fule. 7 tu art bute reowðe. Haue merci of me for
þe lauerdes luue. þi luuewurðe leofmon leafdi i þe
bidde. 7 heo leac him eauer endelong þe cheping ch
ampmen to huting. 7 heo leiden to him sum wið
stan. sum wið ban. 7 sleatten on him hundes. ant   *f. 47 r.*
leiden to wið honden.

As he wes imaket tus earmest alre þinge 7 ber
de as þe ful wiht þ ter flue monie. se þ eadi wum
mon wergede sumhwet. 7 reat hit wið þe raketehe
vnrudeliche swiðe. 7 weorp him forð from hire awei
in to a put of fulðe. com baldeliche forð biuore
þe reue as he set on his dom seotle schiminde hi
re nebscheaft schene as þe sunne. þe reue þa he
seh hire. þuhte muche sullich 7 bigon to seggen.
Iuliene sei me 7 beo soð cnawes. hwer were þe ita
ht þeose wicche creftes. þ tu ne telest na tale of
nanes cunnes tintreohe. ne ne dredest nowðer deað
ne cwike deoflen.

Her me heaðene hund qð þ eadi meiden. Ich heie
7 herie godd feader. 7 his sulliche sune. ihesu crist
hatte 7 te hali gast. godd as þe oþre þreo. 7 nawt
þreo godes. Ah is eauer an. 7 ihwer untweamet.

He kempene king haueð to dei. ouercumen
helles bule belial baldest of healle. 7 ti sire sa
thanas þ tu leuest up on. 7 ti feader hatest. 7 his
heaste forðest. 7 wel bisemeð þe to beon. 7 biki
með to beo streon of a swuch strunde. Ah eauer
beo acurset colt of swuch cunde. þe mihti mild
fule godd þ ich aa munne. ȝef me mihte of heo
uene him forte hearmin. 7 te forte schen   *f. 47 v.*
den. 7 makien to scheomien. þ schalt swucche
schuken heien 7 herien. weila as þu were iboren
wrecche o wraðe time. þ ti sari sawle. 7 ti sorh
fule gast. schal wið swucche ploiueren pleien in
helle. Reue a reow þe seoluen. vnseli mon bisih
þe. hei godd 7 her me. ihesu is se milzful þ
he walde bliðe liche heouenes heale to alle. Ah hwa
se o bote ne geað ne schal he beon i borhen.
ȝe qð eleusius haldest tu ȝetten up o þi ȝuhe

lunge. wenest tu þ we beon se eð to biwihelin.
Ah we schulen iseo nu. for hit schal sone sutelin
hu þi wichecreft schal wite þe. ⁊ werien. ⁊ lette
545 o wodiwise a swiðe wunderlich hweol meten. ⁊ ma
kien ant þurh spitien hit al wið spaken ⁊ felien
þicke ⁊ þreofalt wið irnene gadien. kene to keor
uen. al þ ha rinen to: ase neil cniues. ⁊ stod þe
axtreo i straht o twa half in to stanene postles.
550 þ hit. as hit turnde ne ouer toke nohwer bineoðen
to þer eorðe. grisen him mahte þ sehe hu hit
gront in to hwet se hit of rahte.
Me brohte hire uorð as beliales budel bet ⁊ bun
den hire þer to hearde ⁊ heteueste. he dude
555 on eiðer half hire. fowre of hise cnihtes. forte
turnen þ hweol wið hondlen imaket þron o þ eadi
meiden se swiðe as ha mahten. ⁊ het olif. ⁊ ole   *f. 48 r.*
omen swingen hit swiftliche. ⁊ turnen hit abuten.
⁊ heo as þe deouel spurede ham to donne. duden
560 hit unsperliche. þ ha bigon to broken al as þ istelede
irn strac hire in. ouer al. ⁊ from þe top to þe
tan. aa as hit turnde. to limede hire ⁊ to leac lið
ba ⁊ lire. bursten hire banes. ⁊ þ meari bearst ut
imenget wiþ þe blode. þer me mahte iseon alre sor
565 hene meast þe iþ stude stode.
As ha ȝeide to godd. ⁊ walde aȝeouen hire gast
in to his honden: se þer lihtinde com an engel
of heouene. ⁊ reat to þet hweol swa þ hit al to reaf
de. bursten hire bondes. ⁊ breken alle clane. ⁊ heo
570 ase fischhal as þah ha nefde nohwer hurtes ife
let. feng to þonki þus godd wið honden up aheuene
Drihtin undeaðlich. an godd. almihti alle oþre
unlich. heouene wruhte. ⁊ eorðes. ⁊ alle iwrahte
þinges þe ich þonki to dei alle þine deden. þu make
575 dest mon of lame. ⁊ ȝeue him liuiende ȝast ilich
to þe seoluen. ⁊ settest for his sake al þ iþe worlt
is. Ah he forgulte him anan þurh þe eggunge
of eue. ⁊ wes iput sone ut of paraise selhðen. we
ox swa his team her, ne mahte hit na mon tellen.
580 Ah swa swiðe hit sunegede. þ tu hit forsenctest al
in noees flod bute eahte þ tu friðedest. þu chure

seoððen iþe alde lahe abraham 7 isaac. Iacob 7
his children. 7 ʒeue to ioseph. þ wes þe ʒungeste
hap ipharaones halle. longe þer efter þu leddest
585 þurh moyses þ tu se muchel luuedest. bute brugge
7 bat. þurh þe reade sea al his cunredden
þear as al pharaones ferde fordrencte. 7 feddest ham
fowrti ʒer iþe wildernesse. wiþ heouenliche fode. 7
wurpe under hare uet. hare fan alle. 7 brohtest ham
590 þurh iosue. into ierusalemes lond þ tu ham bihete.
þer wes i Samueles dei. Saul þe forme king kem
pene icorenest. In a weorre as he wes. þu dudest i þe
lutle dauið þe selhðe. þ he slong 7 of sloh wið a
stan to deaðe þe stronge Golie. 7 readdest him to
595 rixlen i saules riche. þus þu makest milde godd
alle þeo muchele: þe makieð ham meoke. 7 þeo
þe heið ham her: leist swiðe lahe. þrefter þa þe
þuhte iþonket hit beo þe. lihtest hider to us of
heouenliche leomen. 7 nome blod 7 ban i þ meare
600 meiden. 7 were ibeðleem iboren moncun to heale.
7 to þe hirden schawdest te þ te engles to
þe tahten 7 of þe þreo kinges were kinewurdliche
iwurdget. weoxe 7 wrahtest wundres. Ah ear þu we
re ioffret 7 wið lac aleset. 7 i iordanes flum of
605 sein iuhan ifulhet: þu healdest alle unhale. 7 te
deade. of deaðe. Aleast as þe bi luuede lettest an of
þe tweolue þ tu hefdest icoren. chapi þe. 7 sullen.
7 þoledest pine. 7 passiun. þurh giwes read o rode.
deidest. 7 were idon dead. i þruh of stane. stepe a
610 dun. 7 struptest. 7 herhedest helle. Arise. 7 þin a
riste cuddest þine icorene. 7 stuhe abuue þe steor
ren in to þe heste heouene. 7 kimest king o domes
dei. to deme cwike. 7 deade. þu art hope of heale.
þu art rihtwises weole. 7 sunfules salue. þu art an
615 þ al maht. 7 nult nawt bute riht. Iblescet beo þu
eaure. þe ah eauer euch þing heien 7 herien. 7
ich do deore drihtin þi meiden an þ ich am. 7 luuie
þe to leofmon luuewende lauerd. þ hauest se muche
for me iwraht. wið ute mine wurðes. Beo mi blis
620 fule godd wið me. 7 wite me wið þe deoueles driue
les. 7 wiþ hare creftes. wurch ʒet swucche wundres

for þi deorewurðe nome. þ te reue rudni 7 scheomie
wið his schucke. 7 tu beo aa iwurdget as þu art wurðe
wurðmunt from worlde into worlde. Amen wiþ uten ende.

625 Wið þis as ha stute stoden þe cwelleres. 7 ʒeiden lud
steuene. Mihti lauerd is þe. þ Iuliene on leueð.
ne nis na godd buten he: we beoð wel icnawen. Re
ue us reoweð ure sið þ we se longe habbeð ileuet
þine reades. 7 wenden alle anesweis a bute fif hu
630 ndret þe stoden 7 ʒeiden alle in a steuene. luuewurðe
wummon. we wendeð alle to þ godd. þ tu on trustest.
forlore beo þu reue wið false bileaue. 7 iblescet beo *f. 49 v.*
crist. 7 alle his icorene. do nu deadliche on us al þ tu
do maht. make us reue anan riht misliche pinen
635 on tentd fur 7 feche hweol. greiðe al þ const
grimliche bi þenchen. forðe al þi feaders wil þes feon
des of helle: to longe he heold us as he halt te nuðe.
Ah we schulen heonne forð halden to ihesu godes kine
wurðe sune moncun alesent. swa þe reue grome
640 de þ he gristbetede wod he walde iwurðen. 7 sende o
wodiwise forð to maximien. þe mihti caisere of ro
me her of: hwet he readde. 7 he ham het euch fot
heafdes bikeoruen. fif hundret italt of wepmen
7 of wimmen an hundret 7 þritti þrungen euchan
645 biuoren oðer forte beo bihefdet 7 ferden alle mar
tyrs wið murhðe to heouene.
Eleusius þe hwile lette his men makien a muche fur
mid alle. 7 bed binden hire swa þe fet 7 te honden.
7 keasten hire in to þe brune cwic to for bearnen.
650 As ha lokede up. 7 seh þis lei leiten: biheolt towart
heouene. wið honden a heuene. 7 þus to crist cleopede.
Ne forleaf þu me nawt nu i þis nede lauerd of liue.
Mild heortfule godd milce me þi meiden. 7 mid
ti softe grace salue mine sunnen. ihesu mi selhðe ne
655 warp þu me nawt ut of þin ehsihðe. bihald me ant
help me. 7 of þis reade lei reaf 7 arude me. swa þ
tes unseli ne þurue nawt seggen. þi lauerd þ tu   *f. 50 r.*
leuest on. 7 schulde þi scheld beon. hwer is he
nuðe. ne bidde ich nawt drihtin þis for deaðes dred

---

623 MS.: *arrt* for *art*

660 nesse. Ah false swa hare lahe. ⁊ festne iþine icorene
treowe bileaue. schwau mi mihti godd þi meinfule
mahte. ⁊ hihendliche iher me iheiȝet ⁊. ihere
aa on ecnesse.

Nefde ha bute iseid swa: þ an engel ne com se briht
665 as þah he bearnde. ⁊ to þ ferliche fur. i þ lei lihte
⁊ acwente hit anan. eauer euch sperke. ⁊ heo stod unh
urt þer amidheppes heriende ure healent wið
heheste steuene. þe reue seh hit acwenct ⁊ bigon
to cwakien. se grundliche him gromede. ⁊ set te
670 balefule beast: as eauer ei iburst bar. þ grunde his
tuskes. ⁊ fen on to feamin. ⁊ gristbeatien grisliche
up to þis meoke meiden. ⁊ þohte wið hwuch mest
wa. he mahte hire awealden. ⁊ het fecchen aue
at. ⁊ wið pich fullen. ⁊ wallen hit walm hat.
675 ⁊ het warpen hire þrin. hwen hit meast we
re iheat ⁊ wodelukest weolle.

As me dude þrin. ha cleopede to drihtin. ⁊ hit
colede anan. ⁊ warð hire ase wunsum as þah
hit were a wlech beað iwlaht for þen anes in for
680 te beaðien. ⁊ smat up aȝein þeo þe iȝarket hit
hefden. ⁊ forschaldede of ham as hit up scheat.   [f. 50v.
alle italde bitale. seoue siðe tene. ⁊ forðre ȝet fiue. þa
þe reue þis iseh: rende hise claðes ⁊ toc him seolf
bi þe top ⁊ feng to fiten his feont. ⁊ lastin his lauerd.
685 Swiðe qð he. wið hire ut of min ehsihðe. þ ich ne
seo hire nawt heonne forð mare. ear þe buc of
hire bodi. ⁊ tet heauet liflese liggen isundret.

Sone se ha þis iherde: ha herede goð of heouene.
⁊ warð utnume glead: for þis ha hefde iwilnet. Me
690 leadde hire ⁊ leac forð. ⁊ heo wes eðluke. As ha stutte
i þ stude. þer þe fordemde schulden deað drehen: þa
com þe illeke belial þ ha hefde ibeaten feorren to
bihinden ⁊ bigon to ȝeien. Astalewurðe men ne spea
rie ȝe hire nawiht. ha haueð us alle scheome idon.
695 schendeð hire nuðe. ȝeldeð hire ȝarow borh efter þ ha
wurðe is. Astalewurðe men doð hire biliue to deað
buten abade.

Iuliene þe eadie openenede hire ehnen ⁊ biheold to
wart him: as he þus seide. ⁊ tet beali blencte. ⁊

38

700 breid him aʒeinwart bihinden hare schuldren.
as for a schoten arewe, wumme þ ich libbe qð he.
ich beo nunan ilaht. Ah ilecche ha me eft: ne fin
de ich na leche. Igripe ha me eanes: ne ga i neauer
mare. þrefter o grene. ⁊ leac him aʒeinwart as
705 þe beare unhwiht in alre diche deofle wei ne mahte
nawt letten. As ha schulde stupin ⁊ strecche forð
þ swire: ha bed first. ⁊ feng on þus forte learen   *f. 51 r.*
þeo þe þer weren.
Lvsteð me leoue men ⁊ liðeð ane hwile. Bireow
710 sið ower sunnen. ⁊ saluið wið soð schrift ⁊ wið deað
bote. leaueð ower unlahan. ⁊ buldes up o treowe
eorðe. þ ne dredeð na ual for wind ne for wedere.
lokið þet te heouenliche lauerd beo grunt wal of
al þ ʒe wurcheð. for þ stont studeuest falle þ
715 falle. ʒeieð to godd in hali chirche. þ he
ʒeoue ow wit wel forte donne. ⁊ strenge ow
wið his strengðe. aʒein þe stronge unwi
ht þ seleð eauer. ⁊ aa. ow to forswolhen. lust
nið lustiliche hali writes lare. ⁊ liuieð þrefter.
720 wel him þe wakeð wel. ⁊ i þis lutle hwile wit
her him seoluen. ⁊ heorteliche sikeð ofte for
his sunnen. þis worlt went awei. as þe weater
þe eorneð. ⁊ ase sweuen imet aswint hire
murhðe. ⁊ al nis bute aleas wind þ we i þis
725 worlt liuieð. leaueð þ leas is. ⁊ leoteð lutel
þrof. ⁊ secheð þ soðe lif þ aa leasteð. for
þis lif ʒe schulen leoten. ⁊ nuten ʒ neauer
hwenne. ⁊ reopen ripe of þ sed þ ʒe her seo
wen. þ is underuo ʒeld of wa. oðer of wunne.
730 efter ower werkes. Swiðe ich biseche ow. þ ʒe
bidden for me. breðren. ⁊ sustren. ⁊ custe
ham coss os peis alle as ha stoden. ant biheold up   *f. 51 v.*
part. ant hehede hire steuene.
Lauerd godd almihti. ich þonki þe of þine ʒeouen.
735 nim ʒeme to me nuðe. þu luuest ouer alle þing
treowe bileaue. ne lef þu neauer to þi va: þin ilicnesse
þ tu ruddest of deað: þurh þi deað o rode. ne let
tu me neauer deien iþe eche deað of helle. Vnder
ueng me to þe. ⁊ dome wið þine. iþ englene hird

39

740 wið meidenes imeane. Ich aȝeoue þe mi gast deor
     rewurðe drihtin. 7 do hit blisfule godd for þin ibles
     cede nome to ro. 7 to reste. wið ilke ha beide hire
     7 beah duuelunge adun bihefdet to þer eorðe.
     ant te eadie engles wið þe sawle singinde sihen
745 in to heouene.
     Anan þrefter sone. com aseli wummon. bi Nicho
     medesse burh o rade towart rome. Sophie wes
     inempnet of heh cun akennet. 7 nom þis meid
     enes bodi. 7 ber hit in to hire schip bi wunden swi
750 ðe deorliche ideorrewurðe claðes. As ha weren iwa
     tere. com a strom þ te schip ne mahte na mon
     steorin. 7 drof ham to drue lond in to champa
     ine þer lette sophie. from þe sea a mile. setten
     a chirche. 7 duden hire bodi þrin in a stanene
755 þruh hehliche as hit deh ahalhe to donne.
     Þe reue sone se he wiste. þ ha wes awei ilead. leup
     for hihðe wið lut men into a bat 7 bigon to   f. 52 r.
     rowen swiftliche efter. forte reauin hit ham. 7
     i þea sea senchen. 7 arisen stormes se sterke 7
760 se stronge. þ te bordes of þis bat bursten 7 to
     breken. 7 te sea sencte him on his þrituðe sum
     ant þer to ȝet fowre. 7 draf him adrenchet
     dead to þe londe. þer ase wilde deor limmel to
     luken ham. 7 to limeden eauer euch lið from þe
765 lire. ant te unseli sawlen sunken to helle. to for
     swelten isar 7 i sorhe eauer.
     Þvs þe eadi iuliene wende þurh pinen. from wor
     ldliche weanen. to heoueriches wunnen iþe No
     mecuðe burh Nicomede inempnet. i þe Sixtenðe
770 dei of feouerreres moneð. þe fowrtuðe kalende
     of mearch þ is seoððen.
     Heo us erndi to godd. þe grace of him seoluen.
     þe rixleð in þreo had. 7 tah is untweamet iheret
     7 iheiet beo he him ane as he wes 7 is eauer in eche.
775 Hwen drihtin o domes dei windweð his hweate. 7
     weopð þ dusti chef to hellene heate. He mote beon
     a corn igodes guldene edene. þe turnde þis of latin
     to englische ledene. Ant he þ her least. on wrat
     swa as he cuðe.   Amen.

3 From the *South English Legendary* (MS. Corpus Christi Coll.
Camb. 145). Early 14th century

De sancta Iuliana virgine*

Sen Iulian com of heie men · as me findeþ iwrite   *f. 23 v.*
Cristene stilleliche heo bicom · þat noman ne ssolde iwite
Maximian het þe emperor · þe heþene þat was þo
Alle Cristene he dude to deþe · þat he miȝte of go
5 A gret maister he hadde vnder him · þat het Elyse
He wolde þat Iulian to him · iwedded solde be[o] an alle wise
Wiþ hure uader & moder he spak · so þat hi were at on
Þo wende he to þis holi maide · & wende habbe is wille anon
Swete sire quaþ sein Iulian · hit ne uel noȝt to me
10 Bote þou were man of more poer · to be[o] ispoused to þe
Þis man was glad for þis word · to þe emperor he wende
Noble ȝiftes he him ȝaf [·] & fair presant him sende
So þat he made him vnder him · hext Iustice of is londe
To do & hote wat he wolde · for is ȝift & for is sonde
15 Þis Iustice wende to Iuliane · þo is poer was
And wende hure habbe as is spouse · ac he faillede of is as
Þis maide him uaire answerede · leue sire he[o] sede
Bote we be[o] of one lawe · hou mowe we be[o] of one rede
Cristen womman ich am iwis · ine recche wo it wite
20 Bicom Cristene for mi loue · and [me] þou hast biȝute
Sori was þis luþer man · he nuste þo wat he miȝte
Weste þis he sede þe emperor · he wolde þe luþer diȝte
ȝif we Cristene beoþ boþe · sone we worþe dede
Þanne were oure ioie al ido · þat we ssolde togadere lede
25 Ihote ich am alle Cristene men · to deþe do uppon myn oþe
Þere uore lemman turn þi þoȝt · & haue ruþe on us boþe
Leoue sire quaþ þat holy maide · ȝif þou ert ofdrad
Of þe emperor þat is eorþlich man · iwis þou ert amad
Þei is poer be[o] non such · sone it wole ago
30 Ac dred God þat poer haþ · of eche þing euere mo

---

  * MS.: title in the margin
  6 *o* in combination *eo* has been erased in MS., and is restored in [ ]
    in the printed text, without further comment.
  12 MS.: *fair·*
  20 *[me]* omitted in MS.

Swuþe dreory was þis luþerman · þat he nemiȝte hure wende
To habbe conseil of hure uader · after him he lette sende
Po hi togadere come · hy made gret feste   *f.24 r.*
And fondede hure clene þoȝt · to change wiþ faire byheste
35 Po hi speke fairost mid hure · þis maide ham ȝaf answere
Ichelle holde þat ich habbe itake · ȝe ne doþ me þerof no dere
Ac o word ȝe ne turneþ me noȝt · þer aboute ȝe spilleþ breþ
Doþ me wat pine ȝe wolleþ · for i ne drede noȝt þan deþ
Po hi seie þat þis maide · hure þoȝt change nolde
40 Hure fader bitok hure þe Iustice · to do wiþ hure wat he
                  wolde
Pe Iustice let hure strupe naked · & legge hure plat to
                  gronde
Six kniȝtes ȝeode hure al aboute · & made hure mani wonde
Hi leide hure on wiþ harde scorgen · þat hi weri were
And euere lai þis maide & lou · as hure noþing nere
45 Po hi seie hure stable þoȝt · þat he[o] nas in none fere
Hi nome & honge hure oþe a bem · bi þe trassours of hure
                  here
Per bi he[o] heng so alday · þe kniȝtes bineþe stode
Wiþ scorges hi leide hure euere uppon · þat he[o] stremede
                  ablode
Pe more torment þat hi hure dude · þe bet hi hure paide
50 Po hi nemiȝte hure wille habbe · adoun hi nome þe maide
And bad hure teorne for hure deþ · hure þoȝt in alle wise
And þench on hure heie cunne · & on hure owe gentrise
Po hi nemiȝte for no þing · bringe hure of hure þoȝt
A chitel uol of iwalled bras · biuore þis maide was ibroȝt
55 Hy ȝote adoun aboute hure ssuldren · as he[o] upriȝt stod
By rugge & wombe it orn adoun · as it were flod
Fram þe necke to þe uot · ech stude it þoru soȝte
Euere stod þis holy maide · as hure noþing ne roȝte
Louerd muche is þi miȝte · þat muche iweld bras
60 In hure wonded body & ne greuede noȝt · fair miracle was
So wroþ was þo þe Iustice · he het is men hure lede
In strong prisone & binde hure uaste · forte me nome oþer
                  rede
Po þis maide in prison was · þe deuel to hure wende
In forme of an angel & sede hure · þat oure Louerd him
                  þuder sende

65 Forto saui hure fram þe deþ · & wissi hure wel to done
Pat he[o] tormens forto fle[o] · dude þe Iustices bone
For oure Louerd hadde of hure reuþe · & wilnede hure lif
And leuer hadde þanne hure deþ · þat he[o] were wedded
                                                    wife
Pis maide stod in grete þoȝte · þat he hure þerto gan rede
70 And þat oure Louerd him so bad · bi him as he sede
He[o] sat akne[o] & bad oure Louerd · þat he hure ssolde lere
Wel to don & warni ek · wat þe messager were
                                                    f. 24 v.

As he[o] sat in hure orison · he[o] hurde a uois þat sede
Beo studeuast in þi bileue · and ich þe wol wel rede
75 At þe messager axe wat he be[o] [·] & ne haue of him no
                                                    drede
And nyme him faste for ichelle be[o] [·] wiþ þe in euerich
                                                    dede
Po þe maide þis ihurde [·] þane deouel he[o] nom wel uaste
He[o] made þe signe of þe crois · & to hure vet him caste
Tel me he[o] sede wat þou ert · oþer ichelle þe quelle
80 Leuedy he sede let me go · & ichelle þe sone telle
Nay þou sselt abide her · þis maide sede þo
Forte þou me telle wat þou ert · & þanne þe sselt go
Po sede he ich am a deuel · yhote Belial
Aȝen ech mannes god dede · ich can do luþer gal
85 Po Adam and Eue wolde · in Godes seruise be[o]
Ich am broȝte in dedlich sunne · þoru þe appel of þe tre[o]
Po bitwune Caim was muche loue · & Abel is broþer
Ich made þoru lite envie · þat on sle þat oþer
Ich made Iesus in þe rode deiȝe · ac þat we suþþe aboȝte
90 Ich made Erodes þe children sle · þo hi Iesus soȝte
Ich habbe imad men oþer sle · & ssipes in se drenche
Alle wo ich habbe an eorþe ido · þat man may on þenche
Wo sende þe hider quaþ þat maide · þe deuel aȝen sede
Satan oure maister þat is atom · þat us alle schel rede
95 ȝif he sent ou quaþ þis maide · to eni holy manne
And ȝe ne mowe noȝt him ouercome · wat deþ he þanne
Panne ne dorre we noȝt quaþ þe deuel · touore oure maister
                                                    wende
Oure acountes forto ȝelde · ac he let us ofsende
And ȝif we ower beoþ ifonde · he let us bete sore

                                                    43

100 Pere uore wanne we vyndeþ eniman · stable in Godes lore
    We fondeþ him in luþer þoȝt · to bringe wi[þ] al oure miȝte
    And anon he mai us ouercome · ȝif he wol aȝen us fiȝte
    For we nabbeþ poer noman · to bringe in sunne aȝen mode
    For Iesus bynom us þulke miȝte · þo he deide uppon þe rode
105 Of al þat ich habbe an eorþe igo · so clanlich ouercome
    Neuere ich nas as ich nou am · me miȝte me is bynome
    Maide for þin hendyssipe · þou haue mercy of me
    Let me go at þis o tyme · i ne ssel neuere eft dere þe
    Alas þat inadde er iwest · wat me ssolde bitide
110 Certes quaþ þis maide þo · ȝute þou sselt abide
    Pis maide nom þis foule best · & faste it gan bynde
    Mid a raketeye þat aboute hure was · his honden byhynde

                                                    f. 25 r.

    Mid anoþer raketeie of hure · he[o] bet him swuþe sore
    And euere sede þis foule best · hende maide þin hore
115 Haue reuþe of þi wrecche prison · & þench þat þou ert fre[o]
    Inabbe icome aney non · þat me derste handly oþer se[o]
    And þou me derst þus tormenty · alas wi ne mai ich fle[o]
    Wy ertou so strang maidenot · þat þou nemiȝt ouercome
                                                    be[o]
    Alas maidenot alas · wi woltou wiþ us fiȝte
120 Maidens ichelle euere eft drede · inabbe aȝen hom no miȝte
    Pus þis maide tormentide · þus þis foule wiȝt
    Pe Iustice het þis maide vecche · byuore him anon riȝt
    Pis maide nom þis foule best · & after hure it drou
    Leoue leuedy he sede þin ore · yssend ich am inou
125 Ne make namo men [gawe] on me · nertou corteis & hende
    Pench þat maidens ssolde milde be[o] · & bring me of þis
                                                    bende
    War is þe kunde of þi maidenot · þat ssolde be[o] milde &
                                                    stille
    & þou ert aȝen me so sterne · hou miȝtou habbe þe wille
    So longe he on þis maide cride · as he[o] him drou and ladde
130 Afte hure þoru þe chepinge · þat reuþe of him heo [h]adde
    A chambre foreyne he[o] sey · al up touward þe strete

---

101 MS.: *wil*
125 MS.: *gnawe*
130 MS.: *nadde*

44

Fol it was of fulþhede · old and al forlete
Þis maide nom þis foule þing · & caste it al amidde
Day þat him wolde ricchore bed · biseche oþer bidde
135 For it was god inou to him · wiþinne & eke aboue
Wat segge ȝe segge ich soþ · ne lieþ noȝt for is loue
ȝute nolde noȝt þis luþer men · þat iseie al þis dede
Biluue on God & turne hore þoȝt · ac þe more hure wiþsede
Þo he[o] biuore þe Iustice com · hi wolde change hure þoȝt
140 And bihete hure prute & gret nobleie · ac al ne held it noȝt
A weol of ire swuþe strang · byuore hure hy caste
Al were þe uelien aboute · wiþ rasours ystiked uaste
Þat weol hi turnde al aboute · þe maide þerbi hi sette
Dupe wode in hure naked fleiss · þe rasors kene iwette
145 Þat þo hure uless was al to torne · so deope wode & gnowe
Þat þe bones hy to slitte · and þe marrou out drowe
Þat marrou sprang out alaboute · so ouercome he[o] was
Þat he[o] almest ȝaf þe gost · & no wonder it nas
Of al þat me drou hure tendre limes · hy nere enes sore
150 Ac euere sede þat Iesu Crist · þolede for hure more
Glad were þo þe luþer men [·] þat so ney þe deþe hure seie
Ac oure Louerd is wille nas it noȝt · þat he[o] ssolde deie
An angel wiþ a naked swerd · to þe weol aliȝte   f. 25 v.
And heu it al to smale pece · þer was Godes miȝte
155 And þis maide ȝeode uorþ al hol · as hure noþing nere
Sore dradde þis luþer men · þat þere aboute were
Oure Louerd Crist can so is fon · wanne is wille is afere
Vif hondred men turnde to him · for þulke miracle þere
An hondred wymmen & þritti · & þer ne bileuede of hom
                                            noȝt on
160 Þat þis luþer man in þe place · ne let byheuedi anon
Touward þis maide þis Iustice · for wraþþe was nei wod
He lette make of wode [and] col · a strang fur and god
Amidde he lette þis maide caste · for heo forberne ssolde
He wende hure to sle anon · ac oure Louerd it nolde
165 An angel þer com & þis fur · tospradde wide & drou
Amidde þe place þe maide stod · harmles & glad inou
He[o] þonkede God & sat akne[o] · & hure orison sede
Þe Iustice sede wat ssolde we do · wat ssel us to rede

_____

162 *[and]* omitted in MS.

We ne ssolleþ þis foule wicche · ouercome mid no dede
170 ʒif no vur nemai hure brenne · in led we ssolleþ hure [b]rede
A chitel hi sette þer mid fur · & fulde hit fol of lede
Þis may say þis led boilly · he[o] nas noʒt in drede
Anon so he[o] was þer inne ido · þat fur began to sprede
Fram þe chitel it hupte aboute · in lengþe & in brede
175 Sixti men & seuentene · it barnde in þe place
Of luþer men þat stode þerbi · þer was oure Lou[er]des
grace
Amidde þe chitel þis maide stode · al hol wiþoute harm
Þat led þat boillinge was · vnneþe it þoʒte hure warm
Þe Iustice bigan to weope & crie · þo he þis isey
180 For is men forbarnd were · witles he was ney
Wat do ʒe he sede mi godes · is ʒoure strengþe inome
Ssel a womman wiþ hure wicchinge · us alle ouercome
Helpeþ me nou ʒif þat ʒe mowe · þat we ne be[o] broʒt to
ssame
He[o] nessel me wraþþi namore · ichelle pleie oþer game
185 Com vorþ he sede mi manquellare · led þis hore fram me
And smite of hure heued wiþoute toun · þat ich neuere eft
hure ne se
Glad was þis holy maide · þo he[o] weste hure ende
For he[o] weste after hure tormens · woder he[o] ssolde
wende
He[o] þonkede uaste Iesu Crist · þat wolde after hure sende
190 Go bliue he[o] sede to þe quellare · & bring me of þis bende
As me ladde þis maide · touward hure martirdom
Belial þis foule deuel · wel glad bihinde com
Ne spareþ noʒt he sede · ac hieþ faste þat he[o] of dawe
be[o]   f. 26 r
Nabbeþ of hure namore reuþe · þanne he[o] hadde of me
195 Nolde he[o] noþing sparie me · of al þat ich hure bad
Vnneþe ich der on hure loke · so sore ich am adrad
Þo þis maide hurde þis · hure eiʒene up he[o] caste
A out out þe deuel sede · holdeþ hure nou faste
Leste he[o] efsone cacche me · þat me vuel bitidde
200 Fle[o] ichelle þe wile ich may · do þat ich ʒou bidde

---

170 MS.: *drede*
176 MS.: *loudes*

46

Ac þei he[o] him hadde icaȝt · and ileid as clene
And in as fair bed as he[o] dude er · day þat him bimene
Þo þis maide com to þulke stude · as he[o] ssolde biheued
                                  be[o]
To oure Louerd he[o] bad hure orison · & sat adoun akne[o]
205 Þe quellare as he[o] bad hure beden · drou is swerd kene
He smot of hure heued fram hure body · þat it fel in þe grene
Angles were ȝare anon · hure soule forto auonge
    Þus he[o] boȝte þe blisse of heuene · wiþ tormentis stronge
Hure bodi hi lette ligge þere · hi nolde it burie noȝt
210 For bestes it ssolde todrawe · for þat was hore þoȝt
A god womman þat het Sophie · wonede þer biside
Burie he[o] þoȝte þat holy body · wat so hure ssolde bitide
For þer nere no Cristen men · lede he[o] þoȝte it to Rome
Al bi ssipe to burie it þere · ac þo hi in þe ssipe come
215 Þe wind com & drof hore ssip · toward anoþer londe
Into þe lond of Campaine · and þere it gan astonde
Þo hy nemiȝte þe ssip þanne bringe · hi nome þoru Godes
                                 grace
And burede þis bodi upe þe se · in a wel fair place
Þer it is ȝute wel uaire honured · ac þo þe tiþi[n]ge was icome
220 To þe Iustice þat þis body was · awei ilad and inome
He nom wiþ him foure & þritti men · & afterward gan wende
ȝif he miȝte body atake · more he þoȝte it ssende
Amidde þe se þer com a wind · as it were for þe none
And caste hore ssip up þe doun · & adreinte hom euerichone
225 Þe Iustices wrecche bodi · suþþe þe se to londe caste
And bestes & foules it todrawe · þe wile þer a pece ilaste
Þo hadde he is owe dom · þat he wolde þe maide ssende
Þus sein Iulian þe holy maide · hure lif broȝte to ende

---

219 MS.: *tiþige*

XLVIII. Juliana.

Sanct Julyane, ӡet ve rede,
To þe prefect of Nichomede,
Eulegius þat to name had,
Ves handfast; & þo he hir bad
5 Consent til hyme, as he callit skil,
þe band of maryage to fulfil,
Be na vay vald scho do sa
Bot he cristine treucht vald ta.
& as hir fadire herd þat scho
10 Vald nocht consent his wil to do,
He gert dispoile hir but bad
Of al þe clathis scho one had,
& with wandis doungyne rycht Il
Til hir spouse bad gif hir til.
15 þat sad til hir: "my lemane dere,
Quhy scornis þu me, lat me here,
Refusand me, & I ne wat quhy?"
Scho ansuert hyme deliuerly: *f. 374*
"Sa þat þu in god wil trew,
20 To do þi wil I consent now;
& mar gettis þu nocht of me,
Bot þu trew & baptyst be."
þane sad he: "my lemmane dere,
þat ma I do be na manere,
25 For, & I did, but ony doute
Our emperoure, þat is sa stout,
Suld send one me to ta
& sone gere strik my neke in-twa."
þane sad scho til hyme: "gyf þat þu
30 þi varldis lord sa dredis nov
þat dedly is & mone away,
þane byrd me wele my lord dred ay

---

8 MS.: *þe* for *he*
20 MS.: *þu* for *þi*
25 MS.: *for I & I*

þat is vndedly & sal dred al
Eftir oure dedis, gret & smal.
35 Do furth þare-for þat lykis þe,
For þu sal neuir dissawe me."
þar mene þane dange hir sare,
Syne hangit hir be þe hare
Half a day, & moltyne led
40 He gert ȝet a-pone hir hed.
& as he saw þat hurt hir nocht,
Chenys of yrne sone var wrocht,
þar-with stratly scho ves bundine
& syne in a pressone thrungine.
45 & as scho ves þar alane,
For to fand hir þe feynd has tane
þe schape of angel, of his mycht,
& come til hir, schenand lycht,
& sad til hir: "Julyane,
50 Of god ane angel I ame ane,
& send me for to monest þe
þat, or þu forthire torment be,
þat þu til god sacryfy."
&, helpand god, scho vest in hy
55 þat it wes Sathane, hir fel fa,
þat hir þane entysyt sa;
& gretand to god schon cane pray
Deuotely & þusgat say:
"Lord of hewine, I pray to þe
60 þu thole me nocht tynt be,
Bot schew me quhat he is
þat ine þis wyse me entysis."
A voice þane come til hir sone
& bad hir tak þat wik sprit sone
65 & hyme vndir hir fet lay,
Quhat þat he ves to gere hyme say.
þe wykit spryt þane sone scho lacht,
As godis voice hir tacht,
& quhat he ves þat hyme cane frane.
70 & he sone sad hir agane:

---

55 MS.: *fet* for *fel*

"I ame a feynd; to dissawe þe,
Sathane my fadire here send me
In þis forme, dissawand þe."
Zet sad Julyane but delay:

75 "Quha is þi fadire, þu me say!"
Quod he: Belzebus, I-wis,
Of feyndis al þe fadire is,
þat send[is] vs to do [al] Ile;
& quhene we do nocht al his wil,

80 He gerris dynge ws schreuytly,
& oure al maste fellonly
Quhene we thole vs in ony gre
Of cristine mane ourcumine be.
þare-for wat I wittirly

85 þat for my sorow here come I,
Sene I mycht nocht ourecume þe
Bot tholis me ourcumine be."
Sad schon: "quhat fleis þu mast
Of þe cristine, þu tel in hast,

90 & in quhat tyme lest gref ze may
To Cristine mene" scho bad hyme say.
Sad he: "ferrest fle we þane
& lest greuis cristine mane
In tyme of mes of haly kirk,

95 To lowe god quha beis nocht Irk,
& quhene prayere or prechinge
Is sad of god in to lowinge,
Or vthir-quhar þat increly
Mene seruis god deuotely;

100 Bot oure al tyme þane ar ve schent
Quhar tretyt is þe sacrament
Of godis body at altare-burd
þat prestis þar makis be his vord,
For we mone obey þar-til

105 & It honoure agane oure wil."
þane Julyane hyme hynt in hy
& vith þat chenze hyme band stratly

_____

72 One line missing in MS. after *me*.
80 MS.: *dyngis* for *dynge*

50

þar-with þa hir bundyne had,
& fast dange one hyme but bad
110 þat al hir mycht ful increly,
Til þat þat feynd fast cane cry
One hir but cesyng ay one-ane:
"Haf of me mercy, Julyane!"
þane eftir ine to lytil space
115 þe prefect, þat fellone wes, f. 375
Of Julyane þat had gret thocht,
Of pressone bad scho suld be brocht.
þane brocht scho furth in hir hand
þe fel feynd bundine in a band,
120 þat cryit one hir euire in ane:
"Haf mercy of me, Julyane,
& ger me namare scornyt be,
þo þu sic mastry haf of me!
For I haf tynt al my powere
125 Ony cristine for til dere.
& cristine, I here wele say,
Ar commonly mercyful ay,
& þu of me has pyte nane!
Mercy, mercy, Julyane!"
130 Nocht-þane scho drev hyme to þe tone,
& in a depe gausk kist hyme done,
þat ves a ful foule pyt,
Rycht vgly & ful ves It.
þane cane he rycht rudly rare
135 & sad: he had schame fer mare
þat womane, þat be kynd wes
Brukil bath of mynd & flesch,
Had schamefully hyme ourcumyne þane,
þane it had bene ony mane;
140 For quhene he ne mocht eschewe
To wyne mane, he beguth þat Ewe;
For-þi he wend sa he mocht
Julyane, in fandinge brocht.
þe prefect þane gert Julyane
145 Til his presence bringe one-ane

---

135 MS.: *fermare*

& speryt quhat craft scho oysyt,
þat hyme & his sa-gat dyspisit.
Scho sad: na craft it wes,
Bot god gef hir tholmodnes,
150 þat of his paynis scho ne rocht –
In god sa scho set hir thocht.
Quod he: "ȝet prowe sal we
Gif þu ma ourcumine be."
A quhele þane he gert sone dycht,
155 Rycht awful to manis sycht,
& one hit gert hir be done
& stent hir þar-one but hone
Vith cordis stark one Ilke syd,
Til bath þe flesch raf & þe hyd,
160 & syne hir banys sa to-quassyt
þat þe self merch out passyt.
Bot god his angel til hir sende,
Til confort hir & til amend,
þat brak þe quhele in pecis smal
165 & mad hir [hale] & sond at al.
þane þai þat saw þis [þar]-aboute,
Of godis aw had sic doute
þat fele of þame þe feynd forsuk
& to god & his treucht þaime tuk.
170 & þat tyme war hedyt þene
In þat place fywe hundre mene,
& eke twa hundre & thretty
Of wemane þat var stannand-by;
& to þai al god gef þe crone
175 Of martirdome for þar wardone.
Yet mycht þis noch suffince til
þat presydent, þat wes sa Il,
Bot gert set in til his yre
A mykil pot apone þe fyre
180 & gert melt it ful of leyd,
& kaste hir in atoure þe hed;
Bot þe fel payne grewit [hir] nocht

---

165 *hale* not in MS.
166 *þar* not in MS.
182 *hir* not in MS.

Bot as a bath as hir thocht.
þe prefect þane his godis smal
185 Varyt & bannyt euir þame al,
þat mocht nocht [ger] for al þar mycht
A ȝyng madine to ded be dycht,
Na ȝet to ger punys hir sa
þat scho hir purpos suld fal fra,
190 & wytand wele fyne how scho
Sa mykil wrang had done þaime to.
Yet thocht he nocht neuire-þe-les
To fulfil þare wikitnes,
& bad his tormentoris hir led
195 A-way & strik of hire hed.
& as þai var with hir ganand,
þe selfe feynd, scho furth dange,
In þe fygure come in hy
Of a ȝunge mane & fast cane cry
200 & sad: " se, ȝe spare hir nocht
þat gret wrange til ȝour godis wrocht
& me þis nycht scho has fel dongine
& in a foule pyt me thrungyne!
For-þi gyf hir hir warȝeld nov,
205 Or mykil mare scho sal hourt ȝu."
þane Julyane kyste vpe þe E,
Quhat he þat vas, for to se,
þat to þe puple sa-gat spak
& set one hir sa mekil lak.
210 þane þe feynd fled in hy
& rarand roydly he cane cry:
"Alace, alace me wrech maste,   f. 376
I dout scho sal tak me in haste
& bynd me & bete me ful fare",
215 Sa fled he but ony mare.
þane band þai hir in þat sted
& in hast strak of hir heide.
& hir kyne, þat var mychtty,
Gert mak hir sepulture in hy.

_____

186 *ger* not in MS.
187 MS.: *ȝynd* for *ȝyng*

220 Quhar eftire in to lytil space
A costlyk kirk til hir mad ves,
þar god wirkis for hir nov
Ferlys fele, to gere mene trew,
Of al seknes giffand remed
225 To þame þat sekis in þat sted,
Til worschipe god in entent
& kene to quhame sic grace he lent.
& als sone as Julyane
Out of þis present lyf ves tane,
230 þe prefect passit to þe se,
To pas oure; bot sone wes he
Drownyt, & foure & thretty mene
þat his seruandis var as for þene,
& al war castine thru þe storme,
235 Bath he & his, one þe morne
In a forest be þe se-syd;
þare wild bestis þat tyd
Come & ȝet þaime al sa clene
þat mare of þaime ves nocht sene. —
240 Sanct Julyane, þat ourcome here
Fele paynis in tholmod chere
& ves neuir-þe-les seruand
Leile to god, I take one hand,
For þe desert þat þu cane ma
245 To god, þat þe awansit sa,
To god of hewine þu pray for me
þat I ma sa worthy be,
Ovt of þis lyf þat I ma twyne
But schame, deit & dedly syne.

II. SAINT CATHERINE

1 From the *South English Legendary* (MS. B. M. Harley 2277).
c. 1300

Seinte Katerine of noble cunne: com bi olde dawe *f. 171 r.*
Hire fader kyng hire moder quene: boþe of olde lawe
King Cost hire fader het: gret clerc þat maide was
Per nas non of þe soue artȝ: þat heo gret clerk of nas
5 Þulke tyme heo was old: eiȝtetene ȝer vneþe
& ich wene in þulke vlþe: heo was ibroȝt to deþe
Maxent þemperour: in eche londe let crie
Þat eche kinriche vnder him: come to Alisandrie
Ech man to do for his stat: to here god sacrefise
10 And of hem þat bileuede: to do stronge gywise
Þo alle þe men were þider icome: to don here lawe
Seinte Katerine baldeliche: þiderward gan drawe
Heo stod bihalues & bihuld: here gydihede
Heo seȝ honure þe maumetȝ: meni Cristene men for drede
15 Þo hadde heo gret deol in hurte: heo blescede hire anon
& forþ anon to þemperour: baldeliche gan gon
Sire riche emperour heo seide: þu ert noble & hende
Þu scholdest þi poer & þi wit: to som wysdom wende
For þe folie ich sigge þat: þat ich iseo her do
20 So moche folc of furrene londe: þat þu clipest herto
In gret ioye & wonder in ȝoure hurte: of þis temple ȝe
doþ so
Þat is ymaked of lym & ston: & of ȝoure maumetȝ also
Whi nebiholde ȝe þe heȝe temple: þerof ȝou wondri mai
Of heuene þat goþ aboute: aboue ȝou niȝt & dai
25 Of sonne & mone & of þe sterres: þat fram þe est to þe west
Wendeþ & neuere weri beoþ: & neuere hi nabbeþ rest
Biþench þe bet & turn þi þoȝt: to som wysdom ich rede
& whan þyn owene inwit þe saiþ: þat nowhar nis such a dede
Almiȝti God þu him holde: þat such wonder can make

30 Tofore alle oþere honure him: & ȝoure maumetȝ þu forsake
Mid oþer reisouns of clergie: þat maide preouede also
Þat here godes noþing nere: þat hi a[n]ourede hem to
Þemperour stod & necouþe: answerie in none wise   *f. 171 v.*
Him wondrede of hire fairhede: & of hire queyntise
35 Maide he seide abyd herwiþ: forto oure sacrefise
& we schulle anoþer wiþ þe speke: ich oþer mi Iustise
Þis heȝe man after his sacrefise: ȝeode & sat in his trone
& al his folc aboute him: me brouȝte þis maide sone
Maide quaþ þis emperour: þu þenchest gent & freo
40 Of what kyn ertou icome: wonder me þinȝþ of þe
Sire emperour quaþ þis maide: ich wilni swiþ lute
Of mi kyn to telle þe: for hit were sinne & prute
For in his boc þe wise man: Catoun saiþ also
Þat man neschal him silue preise: ne blame noþemo
45 For so doþ foles þat beoþ idreiȝt: wiþ veyne glorie & prute
Ac naþelos ich wole wiþoute prute: of mi kyn telle a lute
Ich am þe kinges douȝter Cost: þat þu wost wel which he is
Hider ich com to speke wiþ ȝou: þat ȝe bileoueþ amis
For me clepeþ him godes wiþ wrong: þat ane fot nemowe go
50 Ne noman helpe in none wise: ne hem silue noþemo
Maide seide þemperour: if þat þis soþ were
Al þe men of þe worlde were in gydihede: & þu one hem
                                scholdest lere
& me schal leoue alle men: & more hit wole beo note
Þan a fol womman as þu ert: ȝoure bolt is sone ischote
55 Sire quaþ þis maide þo: þeȝ þu lute telle of me
As god mai þe resoun beo: of me as of þe
For emperour me saiþ þu ert: & echman is also
Þat mai hote & his men mote: nede his heste do
Of bodi & soule þu ert ymaked: as þu miȝt þe silf iseo
60 Mid riȝte þi soule maister is: & þi bodi hire hyne schal beo
If þanne þi bodi maister is: & þi soule his hyne
Aȝe cunde þanne hit is & þu worst: þerfore in helle pyne
Þurf clergie þis holi maide: resouns makede so quoynte
Þat þemperour ne non of his necouþe: answerie hire in
                                none poynte
65 Maide he seide þu schalt abide: in warde her mid me

32 MS.: *aourede.*

& bityme ich wole fynde: þat schal answerie to þe
Þis emperour sende anon: wel wide aboute his sonde
To þe heʒiste clerkes: þat were in eni londe
& bihet hem mede gret: to do a lute maistrie
70 To susteni vp here lawe: þurf strenʒþe of clergie
So þat vyfti maistres come: þe gretteste þat me fond
As wide as me miʒte siche: owhar in eni lond
Þemperour hem seide anon: whi he after hem sende   *f. 172 r.*
Aʒen a womman to desputi: þat al here lawe schende
75 Nou is þis seide þat on: gret schame ich vnderstonde
An emperour to siche aboute: so wide in eche londe
After maistres to plaidi: aʒen a ʒung wenche
Whan on of oure knaues miʒte: hire resouns sone aquenche
Nai seide þemperour: heo is wisere þan ʒe wene
80 If ʒe mowe oʒt aʒen hire do: hit worþ sone isene
For ich wole bet þat ʒe hire ouercome: mid resouns a somme
                                                    wise
Þan we hire mid strenʒþe makede: to do sacrefise
Let bringe hire forþ quaþ þat on: & heo schal sigge anon
Þat heo nespac neuere wiþ wisere men: er heo fram ous gon
85 An angel to þis maide com: & bad hire noþing drede
For heo scholde hem alle ouercome: & to Cristendom lede
Þat þurf hire resouns hi scholde alle: afonge martirdom
Þo þis maide ihurde þis: gret ioye to hire heo nom
Wel baldeliche heo wende forþ: þo mesters hire to com
90 Sire heo seide to þemperour: ʒyfstou a wys dom
Þus fele maistres of clergie: bringest & settest abenche
To desputi aʒe me one: þat nam bote a fol wenche
& if hi ouercomeþ me: þu bihotest hem grete prute
& mid strenʒþe makest me wiþ hem speke: & bihotest me
                                                    lute
95 & þinʒþ me vnriʒt whan ich am: one aʒon hem alle
Ac ich wole whan God is myn help: afonge what me wole
                                                    bifalle
Sai me quene what ertou: þat o maister sede
Aʒen oure clergie þenʒþstou speke: turn þi þoʒt ich rede
Þu saist þat God almiʒti: deþ an vrþe þolede here
100 Ich wole preoui þat hit nemiʒte: beo soþ in none manere
Ho so dyeþ he nemai: neuere to lyue come
Whan al þe vertu of his bodi: þurf deþ him is bynome

                                                    57

If þu saist þat God is ded: þu nemiȝt libbe noȝt
If he þat lyf þe scholde ȝeue: is to deþe ibroȝt
105 Nai seide þis holi maide: þu faillest of þyn art
Þe netit bote þu speke bet: of þe maistrie no part
God hadde euere & euere schal: wiþ [him] his godhede
& for loue of ous in oure flesch: he nom his manhede
Of tuo þinges he was ymaked: aiþer moste his cunde afonge
110 For in cunde of manhode ous to bugge: he þolede deþ stronge
Ac to bileue ded hit was: aȝe cunde of godhede
Þerfore he aros fram deþe to lyue: þo he hadde ido al his
dede

f. 172 v.

Þurf þe stronge deþ þat þurf Adam: we were on broȝt
Þurf godhede ymengd in oure kunde: nede moste beo iboȝt
115 If þu wiþsaist þis reisoun: anoþer ich wole þe make
Þat clerkes seide of ȝoure lawe: ȝe nemowe noȝt forsake
Platon þe grete philosophe: þat was of ȝoure lawe
Seide þat God wholde iscourged beo: & eke todrawe
Loke hou hit miȝte beo soþ: in oþer manere
120 Bote þat þe mochele God for ous: bicom a lute man here
As god Balaham ȝoure prophete: þat heþene was also
In his boc seide ȝe witeþ whar: if ȝe wolleþ loke þerto
Þat þer scholde of Iacobes cunde: a sterre arise briȝte
Þat boþe kinges & dukes scholde: bynyme here miȝte
125 Þat was þat oure Louerd wolde: of Iacobes cunde beo ibore
& ouercome alle þat euere were: siþþe oþer bifore
ȝut þreo kynges of ȝoure lawe: of þulke sterre þoȝte
For þe sterre þat God was ibore: & þerfore lok him broȝte
Þo þe maistres ihurde hire speke: of so gret clergie
130 Necouþe hi answerie noȝt o word: ac ȝyue hire þe maistrie
Certes sire quaþ þis maistres: so gret cler[c] non þer nis
Þat to hire reisouns hire scholde answerie: for hi beoþ soþe
iwis
We seoþ þat þe Holi Gost is mid hire: & in hire mouþe
We ne conne answerie hire noȝt: ne we neþore þeȝ we couþe
135 Þerfore bote oure lawe: þe betere we iseo
Alle we siggeþ mid one mouþe: icristned we wolleþ beo
Hei traitours quaþ þemperour: beo ȝe icome herto

---

107 *him* not in MS.
131 MS.: *cler*

58

Certes ȝe schulle to stronge deþe: alle beon ido
Amidde þe toun he het anon: forbrenne hem echone
140 & hi þane deþ for Godes loue: afonge wiþoute mone
Ac mest reuþ hi hadde of alle: þat hi ifulled nere
Þis maide hem gan to conforti: & of Cristendom lere
& seide here stronge deþ: þat hi þolede þere
Scholde beo here Cristendom: if hi stedefast were
145 Þis maistres were igladed þo: gladliche forþ hi ȝeode
& nome þane deþ for Godes loue: þat me wolde hem beode
Hi makede þe signe of þe croiȝ: & in þe fur me hem caste
Þo hi hadde longe ibrend: & ded were atte laste
& þat fur was aqueynt: al hol hi leye þere
150 Whyttere & fairere in heu: þan hi euere were
Þer nas non so lute wem: noȝt þe leste of hare here
Oþer of cloþ apeired were: hi leye wiþ faire chere
Þemperour let fecche anon: þat maide Katerine   f. 173 r.
Haue reuþe he seide of þe silue: & schulde fram pyne
155 Haue reuþ of þi ȝunge bodi: þat so fair is & hende
Þu schalt libbe in gret noblei: if þu wolt þi þoȝt wende
In mi paleys ich wole þe make [:] heȝist after mi quene
& after þi forme lete make: an ymage briȝt & schene
Ouergult & hire sette: amidde þe cite
160 & ech man him schal honure: for honur of þe
As me schal a god do: þu neschalt mid al þi lore
So moche noblei biþenche: þat y þe nele do more
Sire emperour quaþ þis maide: bilef þi fole þoȝt
Þu nast no more while to spille: þan to speke so embe noȝt
165 God almiȝties spouse ich am: & al þi blandisinge
Ne þi turmentȝ neschulle ene: fram him myn hurte bringe
Þemperour hire let strupe al naked: to a piler faste ibounde
& bete hire sore wiþ stronge scourges: & make hire harde
                                                    wounde
Þo hi seȝe þat hi nemiȝte: þermid turne hire þoȝt
170 In durke prisoun & in deope: sone heo was ibroȝt
Þat noman neȝaf hire mete ne drinke: for heo scholde for
                                                    hunger deye
Oþer turne hire þoȝt to here lawe: & beo ibroȝt out of treye
In prisoun þis maide lai: tuelf dayes & tuel[f] niȝt

---

173 MS.: *tuel*

Þat heo noþer ne et ne dronk: neseȝ non vrþlich liȝt
175 A whyt colure fram heuene: com to hire eche dai
    & broȝte hire fram heuene mete: as heo in prisoun lai
    A dai as þemperour: fram home was afare
    Þemperice þoȝte on hire: & hadde of hire grete care
    Of hire bed wel priueiliche: heo aros at midniȝt
180 & nom wiþ hire sire Porphirie: þat was hire priuei kniȝt
    Þo hi to prisoun come: hi seȝe þer gret liȝt
    Hem wondrede wharof hit were: þat þulke stede was so briȝt
    Þo seȝen hi Katerine: in þe prisones grounde
    And an angel of heuene: smyrie hire wounde
185 Þemperice cride anon: Katerine þyn ore
    Mi riȝte bileue tech þu me: ynele beo fol namore
    Þe kniȝt also god sire Porphirie: loude cride also
    Þat moche folc þat þer aboute was: sone com þerto
    Sire Porfirie ful adoun to hire fet: & loude he gan to crie
190 Anon þis maide hem prechede of God: & of seinte Marie
    So þat Porphirie & þemperice: þurf þis maide þere
    & tuo hondred knyȝtes ek: ibaptiȝed were

                                                    f. 173 v.

    Oure Louerd him silf com adoun siþþe: to seinte Katerine
    Lo her he seide ich hit am: for wham þu ert in pyne
195 Beo stedeuast in þi turmentȝ: & ich wole beo mid þe
    Þi sige is ymaked in heuene: þer þu schalt wone wiþ me
    Anoþer dai þis emperour: after þis maide sende
    Þat heo were for hunger ded: swiþe wel he wende
    Þis maide was tofore him ibroȝt: swiþe fair & round
200 What he seide hou goþ þis: is heo ȝut hol & sound
    Whar beoþ þis traitours: þat hire in prisoun wiste
    Hi habbeþ ifed hire stilleliche: þat noman hit nuste
    Bi þe fei ich owe Mahoun: hi neschulle nomore
    He let nyme his gailers: & turmenti sore
205 Sire emperour quaþ þis maide: is þis god iugement
    Gultelese men for mi gult: to bringe in such turment
    Ho þat me haþ þer ifed: he nedredeþ þe noȝt
    For an angel of heuene hit is: þat mete me haþ ibroȝt
    Do me what turmentȝ so þu wolt: & let hem quite gon
210 For certes of þat þu hem saist: gult nabbeþ hi non
    Hei hende maide Katerine: seide þemperour
    Þench on þi noble gentrise: for of maidenes þu ert flour

Turn þi þoȝt & þu schalt beo: þemperesse peer
Heo neschal habbe noȝt tofore þe: bote þat heo is mi fer
215 Gode man quaþ þis holi maide: þu spext al embe noȝt
Mid al þi poer þu neschalt: fram Iesu wende mi þoȝt
Alle þe turmentȝ þat þu miȝt þenche: of pynes swiþe stronge
Þu miȝt do me if þu wolt: iredi ich am to afonge
For noþing ne wilny ich so moche: as mi flesch & blod iwis
220 To ȝyue for mi Louerdes loue: þat for me ȝaf his
Þo was þemperour so wroþ: þat he was neȝ iswowe
Four wheles of ire he let fulle: of rasours kene ynowe
& makede hem mid gynne turne aboute: þe tuei wheles
                                        vpward
& oþer tueie euene hem aȝe: in þoþer side doneward
225 Þat ho þat bituene were: in þoþer half nescholde wende
Þat þe rasours nolde al his flesch: todrawe & torende
Þo þis maide was: ido þeron to schende
Oure Louerd Crist fram heuene: an angel gan þider sende
Þis angel wiþ a drawe swerd: þis wheles al toheu
230 & þe peces flowe aboute: as corn whan me hit seu
& smyte on þis liþere men: wel harde to þe grounde
Þat four þousend þer were aslawe: in a lute stounde
ȝe for Gode þat was wel: þer hi miȝte lurne   *f. 174 r.*
To fiȝte aȝe Iesu Crist: mid here false querne
235 To wende aboute here rasours: þe holie maide to drawe
Hi nemiȝte hit noȝt wel biliȝe: þat were ibroȝt of dawe
Þo nuste þemperour noȝ[t] what do: for deol ne for sore
Þe emperesse nolde þo: hire stat hele nomore
Sire heo seide hou goþ þis: for Godes loue þyn ore
240 Ich iseo þis maide is god: & of holi lore
ȝoure maumetȝ ich forsake: y nebileue for no fore
Þo gan þemperour for wraþþe: loude ȝulle & rore
Him þoȝte he nemiȝte for noþing: fram Iesu hire þo[ȝt]
                                        wende
He het þat me scholde hire lede: to þe tounes ende
245 & hire breosten fram hire bodi: wiþ kene hokes rende
And after smyte of hire heued: hire þe more to schende
Wiþ gode hurte þemperesse: þane deþ gan afonge

---

237 MS.: *noȝ*
243 MS.: *þo*

Þe quellers heo bad hiȝie faste: & nabide noȝt to longe
Hi nome kene hokes of ire: & hire flesch tognowe
250 As me draweþ wiþ combes wolle: here breostes hi todrowe
Fram hire bodi mossel mele: & siþþe smyte of hire heued
Þe bodi for houndes hit scholde ete: vnbured hit was bileued
Ac Porfirie burede aniȝt: þis holi bodi & god
Þo þemperour þat bodi miste: he was wroþ & wod
255 He turmende meni men: þat nemiȝte hem noȝt skere
Þo seide Porfirie anon: lo sire whar ich am here
Ich burede þyn holi wyf: þat was Cristes make
& to Iesu Crist ich haue also: al myn hurte itake
For no poer þat miȝt do: ynele him noȝt forsake
260 Þo gan þemperour for sorewe: alle his lymes to schake
Mahoun he seide what schalt þis beo: hou schal ich nou do
Nou ich haue mi wyf forlore: & sire Porfirie also
Whi nas Porfirie al myn hurte: neltou me noȝt rede
Þo wende þis oþer kniȝte[s] forþ: & loude gonne grede
265 & we beoþ Cristene bicome: euerechone hi sede
We nulleþ þane deþ for Godes loue: leue for no drede
Þemperour þo gan drawe his her: & sore sike & grone
Mahoun he seide hou schal ich do: schal ich bileue alone
Whi neltou raþere fecche me: & bringe me of þis lyue
270 Pan suffri to leose alle mi men: after mi leoue wyue
Ac þeȝ þu nulle helpe me: ynelle forsake þe noȝt
Þis foles þat habbe forsake þe: to deþe schulle beo ibroȝt
He let nyme Porfirie anon: & his felawes echone   f. 174 v.
& let smyte of here heuedes wiþ[out] þe toun: as Mahounes
                              fone
275 Þo let he fecche Katerine: Damaisele he sede
Ich wole if þu turne wolt: forȝyue þe þi misdede
& wiþ gret noblei as emperesse: oueral wiþ me þe lede
& alle þing ich wole do: also after þi rede
Certes sire quaþ [þis] maide: þis wordes beoþ for noȝt
280 Þu neschalt me neuere fram him bringe: þat haþ me deore
                              iboȝt
Do what þu wolt & haue ido: & bring þi wille to ende

---

264 MS.: kniȝte
274 MS.: wiþ
279 þis not in MS.

For þu neschalt mid no turment: mi þoȝt fram Iesu wende
Whar beo ȝe mi quellers: þemperour þo sede
Þis wicche ȝe schulle faste bynde: & wiþoute þe toun lede
285 & smyte of hire heued anon: & do þe gode dede
Þat heo nebringe ous neuereft: in sorwe ne in drede
Þo þis maide was ibroȝt: to sle wiþoute þe toun
To God heo makede hire preyere[:] akneo heo sat adoun
Louerd heo seide grante me: þat echman þat haueþ mone
290 In eni neode oþer anuy: in myne passione
Þat he mote to his wille: help habbe sone
Þo com oure Louerd silf & sede: ich granti þe þi bone
Com her forþ mi lemman: mi leoue spouse also
Heueneȝat yopened is: þat þu schalt come to
295 Þe quellere smot of hire heued: as þe men aboute stode
Whit mulc þer orn out of þe wounde: & noȝt o drope of blode
Þat was signe of maidenhod: þat þe mulc out com
Þat clene was wiþoute synne: & wiþoute swikedom
An angel com & nom þe bodi: among alle þe manne
300 & bar hit to þe hul of Synay: tuenti iourneyes þanne
& burede hit þer nobliche: & faire ynou also
Þerȝut to þis dai: þe bones beoþ ido
Of hire tumbe þer vrneþ ȝut: holi oylle wel blyue
Wher þurf meni sik man is ibroȝt: to hele & to lyue
305 Wide alonde hit is ilad: ho so hit habbe mote
Noble relik hit is: sike men to habbe of bote
Preo hondred ȝer & tuenti: after þat God was ibore
Imartred was þis holi maide: of wham we tolde bifore
Noou Iesu Crist for þe swete loue: of seinte Katerine
310 Ȝyue ous þe ioye of heuene: & schulde ous fram helle pine

2 From the *Northern Homily Cycle* (MS. B. M. Harley 4196).
Early 15th century

Sum tyme, als men may understand,   *f. 193*
In Alisander was wonand
Ane Emperoure of grete bounte,
And Maxsencius to name had he.

5 When he had regned threty ȝere,
In gude nobillay and grete powere,
On þis manere þan it bifell,
Als men may here þe stori tell.
He wist and wele he vnderstode
10 Þat he was so mighty of mode,
Þat no-man durst speke him ogayne.
Þarfore he toke þis purpos playne
Þat he wald wit in all his land
Who durst ogains his biding stand:
15 His messangers he sent þat tide
Thurgh-out his land on ilka syde
And bad þam cri in feld and toune
Þat all þa þat trowed on Mahowne,
Riche and pure, and gude and ill,
20 Suld hastily cum him vntill,
Efter þaire might ofrand to make
In his temple for Mahown sake –
So wald he wit by all war soght,
Who wald trow on his goddes or noght.
25 Þe messangers þus furth er sent,
And thurgh-out all þe land þai went.
And when þo folk þir tiþinges herd,
To Alisander ful fast þai ferd,
And ilkone efter þaire powere
30 Broght reall giftes, mani & sere;
Þe riche men broght giftes grete,
Als mules and asses, schepe & nete,
& pouer men broght in þaire hand
smale fowles to þaire ofrand.
35 Þus when þai war gederd þeder,
Riche and pouer, ilkone to-geder,
Trumpes and pipes ful grete plente
Blew þai, with oþer maner of gle;
Þe Emperore bifor þam ȝode
40 Bifor his godes þat he held gude,
& made ofrand in Mahowns name;
Seþin all þe pople did þe same.

---

8 MS.: *sori* for *stori*

So fell it: in þat same cete
Wond a king curtas & fre,
45 A mighti man of nobill fame,
And king Costus þai cald his name;
Ane nobill woman was his quene,
And childer was none þam bitwene
Bot a dogter, þat was þaire haire,
50 And scho was curtais, mild & faire
Katerin hight þat maiden milde;
Fro alkins filth scho was unfilde,
In halines all scho hir held.
And on a day, als scho þare dweld,
55 Scho herd grete noise and melody
Of diuers maners of minstralsy.
Þe maiden spird of men, þat knew,
What was þat noys scho herd onew.
Þai said, how þe folk of þe land
60 Vnto þaire mawmet made ofrand
At þe Emperours biding.
& when þe maiden herd þis thing,
Of hir faders awin menȝe
Toke scho with hir two or thre
65 & maidens, þat to hir assent;
So preuely furth es scho went,
Vnto þe temple scho toke þe way
Whare all þe folk offerd þat day.
Scho saw þare men þat mighti were
70 Offer with ful mery chere,
& sum scho saw of hertes gude
Þat offerd with ful drery mode –
For all with maistri whare þai gert,
Þai offerd with hand, bot noght with hert.
75 Þe mayden stode þus & bihelde
Þaire countenance both in ȝowth & elde.
When scho had sene þis ferly fare,
In hir hert scho had grete care;
Þe cors scho made on mowth & tong,
80 Ful wisely, all-if scho war ȝong,

---

70 MS.: *there* for *chere*

To god in hert, þus gan scho pray:
"Lord, þou strenkith my steuyn þis day,
So þat ȝone terant me noght schende
Thurg wiles of þis wikked fende!"

85 Þan went scho baldly with blithe mode
Vnto þe emperoure, þare he stode,
Scho hailsed him with ful milde chere
& said to him on þis manere:
"Sir Emperoure, to þe we bring

90 Hailsing of hele & goddes greting
And forto say þe for þi sele
How þou may wirk wisly & wele,
If þou will do all þis honowre,
Þat þou dose here forto socoure

95 Maumetry and fendes of hell
And þaire seruandes þat with þam dwell,
Vnto þi maker moste of myght   *f. 194*
& honore him both day and night.
Set þi minde in his maieste

100 & knaw þare es no god bot he,
Þat made þis midelerth, mone & sun,
& thurgh him es al thing bigun,
& thurgh him sall al be gane,
& oþer god es none bot he allane;

105 He es god of man and wife
& lord of all þat lendes in life;
And als he wroght þir werdes all,
So gouernes he both grete and small,
For in þis werld es no gude thing

110 With-owten his grace & gouerning.
Þarfore unto him turn þi thoght
& wirschip him þat þe has wroght!"
When þe Emperore þir wordes herd,
With grete ferly in hert he ferd

115 & grete meruail in hert him thoght
Of wordes þat þe mayden þare wroght;
He biheld hir face ful clere
And hir mouth & hir mildly chere.

---

85 MS.: *mede* for *mode*

66

And when he gan him wele avise,
120 Þir wordes said he on þis wise:
"A, maiden milde, cumly and clene,
Þe semlyest þat euer was sene!
It es grete pete þat þou noght knaws
Ne es noght lered of Mahouns laws.
125 For, sertes, if þou understode
Þe grete mightes of oure goddes so gude,
Þan wald þou leue slike wordes vaine
And untill oure goddes be ful bayne.
Bot, mayden, he said, sen þou ert here,
130 Of oure laws we sall þe lere;
Swilk vanitese þou sall forsake
& till oure goddes þine ofrand make.
Þan sal none be to me so dere".
Scho answerd þan on þis manere:
135 "Sir, þi goddes here I forsake,
Þat er maumettes & fendes blake,
And I tak me to god of heuyn,
For oþer lord es none to neuyn".
Þe Emperoure, when he herd þis saw,
140 In his hert he had grete aw.
With faire wordes thoght he hir to till
And with wiles win all his will,
A preue purpos he puruayd
And al þus unto hir he said:
145 "Damisell curtayse and hende,
Vnto my palaise saltou wende,
In play and liking forto lif,
And nobill giftes I sall þe gif".
Þus with faire wordes he gan hir till.
150 & so sum-dele ogaines hir will
Vnto his palayis er þai went.
And messangers ful sone war sent
In ilka syd of þat regiowne,
Vnto ilk cete and to ilk toune,
155 With letters under his preue sele;
He bad: als þai wald haue þaire hele,

---

139 MS.: *law* for *saw*

Þat þai suld wend hastily
To al þe maister of clergy,
Both retorikes and gramarione,
160 And cumand þam halely bidene
Smertly forth cum hym to
For nedefull thing he had to do,
Of nedefull maters forto trete;
& þarfore hight he giftes grete.
165 Þe messangers all sides has soght,
And many maysters haue þai broght,
Bot fifti grete maisters, þat ware
Moste witty and wisest of lare –
Of erthly wit þai war moste wise
170 And ouer all oþer haldan in prise.
Katerine was in chawmbers queme
And sertaine men set hir to ȝeme,
Vntill þir maisters samanum war soght
And so bifor þe Emperoure broght.
175 Þe Emperoure tald þan his entent
And said: "I haue efter ȝow sent
Forto destroy by clergi clene
A woman þat has wroght me tene;
For, sertes, when I hir se with sight,
180 To speke with hir haue I no might
Scho es so sutill of hir saw
And sertes so cumly none I knaw.
Þatfor I pray ȝow to assay
Bi cours of clergy if ȝe may
185 Any wit intill hir bring
Vntill oure goddes to mak ofring:
And I sall gif ȝow for ȝowr dede
Ful riche giftes vntill ȝowre mede."
Þe mayisters till his saw assent
190 Forto fulfill all his entent,
And þe day was set on þe morn
Þat scho suld be broght þam biforn.
Ful sone þis tithinges herd scho as,

---

170 MS.: *ever* for *over*
182 MS.: *es* for *so*

68

Katerine, whare scho closed was,
195 How þe Emperowre has ordand
Mayisters ogaines hir forto stand:
And þan scho gaf all hir quarele
Into goddes hand ilkadele.
And for he of hir will was payd,
200 Ane angell come and to hir sayd:
"Cristes mayden, mekill of might,
Luke þat þou stand stabilly & right!
For god, þat may þe moste auayle,
For wham þou sall tak þis batayle,
205 Es with þe euer in all þi dede,
Redy to help þe in þi nede;
He sall gif his wordes of might
Into þi mowth with speche ful right,
Þat þe maysters sall haue no mayne
210 Forto answer þe ogayne,
Bot thurgh þe haly wordes of þe
Vnto Crist sal þai turned be
And for his luf be marterd euyn
And entre into blis of heuyn."
215 When þis was said, þat angell bright
Whent up to heuyn with mekil light;
And scho in prayers dwelled still,
Ay redy unto goddes will.
Opon þe morn þe emperoure
220 Sat in dome with grete honowre.
And þe maysters him obout
War gederd in a ful grete crowt.
And Katerin was bifor þam broght.
Haueand oure lord ay in hir thoght.
225 Þe maysters say scho suld be mated –
For als a hund all þai hir hated.
Þai made hir resons mani & sere
Þat þaire goddes war of grete powere
And þat scho suld, if scho did wele,
230 Seke unto þam for hir sele.
When Katerin had þaire wordes herd,
Vnto þam all þus scho answerd:
"Herkins me halely on raw

Þat makes ȝow maysters of þe law
235 And also leders of þe land!
I will ȝe wit and understand
Þat I am cristend and baptiste
Thurgh þe sacramentes of Crist,
And oþer cautels none I knaw
240 Bot anly lessons of his law.
All ȝowre sawes here I forsake
And to him haly I me take,
For he has strenkith and wit uerray
And he has lare þat last sal ay;
245 He es begining and ending
Of all gudenes and all gude thing,
He has made al thing of noght,
And mankind with his blude he boght,
Seþin he rase fro ded to life
250 & stegh to heuyn with-owten tryst
And euer in blis he dwelles so
With his fader þat [he] come fro;
& diuers uertuse schewed he þan
Þat he was werray god & man
255 And es & euer-more sall be,
A mighty god in persons thre.
He es my god, he es my king,
He es my lord & my liking."
When scho had said þir wordes þare,
260 All þe maisters les and mare
Wer all awonderd of hir saw
And in þaire hertes þai had grete aw,
& thurgh þe grace of god so gude
Þai durst noght speke, bot still þai stode.
265 Þe emperoure saw þam stand still,
& greuosly he spak þam till,
He said: "whi stand ȝe so for schame,
& er so grete maisters at hame?
Here stand ȝe als ȝe had no tung,
270 To speke ogains a mayden ȝung."
Þan he þat was moste of honowre

---

252 *he* not in MS.

Said vnto þe Emperoure:
"Sir, if þat it be þi will,
Þis tell we halely þe untill:
275 Bot if þow can teche us sum law
More worthy þan oure-self can knaw
Of þi goddes, by euyn or morn
Þat we haue wirschip here byforn:
Unto Crist will we turn ilkane
280 & hald him for oure lord allane;
For in oure hertes wele we knaw
Þat he es lord of high and law
& god sun uerraily of heuyn,
And oþer god es none to neuyn."
285 When þe emperoure saw how it ȝode,
For tene and wo he wex nere wode,
& hastily he toke to rede
Þat þai suld ilkone be dede.
He said: sen þai vse heresy,
290 Brin all sall þai be for-þi.
In middes þe cete gert he make   *f. 195*
A grete fire for þe maisters sake,
And to his men þat he cumand:
To bind þo maysters fote & hand
295 And in þe fire þam forto cast,
When it was brinand faire & fast.
And so to do wald þai noght spare.
Bot þis vertu god schewid þare:
Þat, when þe fire was brint oway,
300 Hale in quert ilkone war þai —
Þe fire had blemist þam no-thing,
In hide ne hare ne in clething.
Bot so, als þai desired maste,
Unto god þai gaf þe gaste —
305 No-thing thurgh þo paynes ill,
Bot anely thurgh our lordes will.
When þe Emperoure þis sight had sene,
In hert he had ful mekill tene;
He cumand þat þe mayden bright
310 Suld sone be broght bifor his sight.
And all-if he in hert war tende,

He spac to hir with wordes hende:
"A, worthi maydin mikel of prise,
Worthi woman war and wisse,
315 Faire of face, of carping kowth,
Haue mercy, maiden, of þi ȝowth!
Do curtaisly, als I cumand,
Unto my goddes mak ofrand:
And þou sall in my court ful clene
320 Be honord euermore next my quene,
And all þat in my rewme suld seme
Sal euer be done als þou wil deme;
All men sal at þi biding be
And atendand, als unto me.
325 In þis cete I sall do mak
Pine awin lyknes with-owten lac
And set it up, als þou sall se,
Of all men honord forto be;
And for þi sake I sal ger dight
330 A temple all of marbre bright,
Whare þou and I sall both in-fere
Honore oure goddes of grete pouere.
How think þe, mayden, of þis skill?"
Scho answerd þan & said him till:
335 "Sir emperoure, scho said, lat be!
Neuyn namore slike wordes to me!
Criste þat es my lord allane,
Unto his spowse he has me tane
In trew faith, þat sall neuer faill;
340 He es my ioy and my cownsaill,
He es my luf, he es my lorde,
And we tow er so wele acorde
Þat nowþer paine ne erthly gude
Fro his luf may turn my mode."
345 Þan þat terant was ful tene
& ordand Katerin paynes kene:
He gert his men tite in þat tyde
Naked hir both bac and side,
With scorpions þan he did hir bete,

325 MS.: *his* for *þis*

350 & mani oþer paines grete;
    Bot al he saw might noght auale
    In hir fait to ger hir faile.
    Þan in a preson þai hir did
    Whare scho was all in mirkenis hid,
355 And wight men set he hir to gete,
    Þat scho sul haue no drink ne mete,
    Se sustinance suld scho haue nane,
    Till twelue daies war cumen & gane.
    Bot angels ilk day come hir till:
360 Of gastly fude scho had hir fill.
    Þus in þat preson gan scho dwell.
    And in þat same tyme so bifell:
    Tiþinges come to þe Emperore,
    Þat, if he wald haue his honowre,
365 A fer cuntre bud him wend to,
    For chargeand thinges þat war to do;
    So hastly was he efter sent:
    He ordand him and furth he went.
    When he was went, þan þus bifell:
370 Þe emperise, his wife, herd tell
    How he had done so grete hething
    Vnto Katerin, þat mayden ȝing;
    To speke with hir þan has scho thoght
    & mend hir mischeues, if scho moght.
375 A prince, þat was a nobil man,
    To hir in cownsail kald scho þan
    And tald to him al hir entent;
    And to hir saw sone he assent,
    Vnto þe preson forto wende,
380 Forto speke with þat mayden hende;
    Porfurius was þe knightes name.
    And, forto be with-outen blame,
    Opon þe night both gan þai pas
    To þe preson whare þe mayden was.
385 Vnto þe kepers spac þai so,
    Þat to þe mayden come þai two.
    And all-if it war in þe nyght,

---

383 MS.: *bot* for *both*

Obut ir saw þai so grete light,
Þat þam astonaid in þat stound,
390 So þat þai fell doun on þe grownd;
Bot so gude sawore gan þai fele,
Þat it confort þaire hertes wele.
Saint Katerin þan bad þam up rise
And spak untill þam on þis wise:
395 "Rises up, scho said, & dredes ȝow noght!
Bot luke ȝe be of stabill thoght!
For my lord Crist calles ȝow to com
Vnto þe mede of marterdom."
Þan rase þai up, wele in þare wit:
400 And saw þat blissed mayden sit
Omang ful many angels bright,
Þat confort hir with all þaire might:
Þai enoynt hir body & made ful clene,
Whare wikked wondes bifore had bene;
405 Þai made hir body so in bewte,
Þat wonder was þaron to se.
Þan said þe mayden unto þe quene:
"Dame, luke in hert be trew & clene!
Within thir thre daies saltou wend
410 Vnto Jhesu, in ioy to lend.
Þarfore drede noght bi morn ne none
Þe erthly paynes, þat passes sone!
For þam in heuyn sall-tow haue
Ai-lastand ioy, þi sawl to saue;
415 For dedly thing, þat failes als fast,
Gifes god þe ioy þat euer sal last,
And for paine þat passes in a day
Gifes he þe blis þat last sall ay."
Prince Porfuri toke tent here-till
420 And þan of hir he asked þis skill:
"I pray þe, mayden, tell me right
What mede gifes god until a knight?
Erthly harmes here if þai take
& suffers angers for his sake,
425 What giftes gifes he þam for-þi?"
Þan answerd Katerin curtaisly:
"Purfuri, I pray þe, here:

74

And by my saying saltou lere
Þat þe hegh kingdom of heuyn
430 Es like untill a cete euyn
Whare none angers ne noy es in,
Bot all mirth þat men may of myn;
&, schortly it forto declare,
All þat gude es þat es þare,
435 And all þat unto euil may mene
In þat cete es neuer sene.
None hertes mai think, ne eris here,
Ne eghen se, þe ioyes sere
Þat god ordans with-owten striue
440 To þam þat lufes him in þare liue."
When þat þe mayden þus had sayd,
Sir Porfuri was ful wele payd,
And also of þat semly syght
War þai both in hert ful light,
445 And halely hight þai to fulfill
Als saint Katerin had said þam till.
þai toke þaire leue & fro hir went,
Praiand to god with gude entent,
& redy turmentes forto take
450 & paines to suffer for Cristes sake.
& all þe knightes in þat prouince
Þat war rewled by Porfore, þe prince,
War torned to Crist, of heuyn king,
& went to heuyn at þaire ending.
455 Þe emperice so dwelled still,
Redy euer unto goddes will.
Þe Emperoure, when he had end
Þe caus þat gert him fro hame wend,
Hastly hied he hame ogayne
460 & thoght to puruay Katerin payne.
Bot Jhesu Crist, þat scho on cride,
Come to confort hir þat tide,
With mani angels schinand clere,
& said to hir on þis manere:
465 "Doghter dere, luke þou be kinde

460 MS.: *thogh* for *thoght*

& knaw þi maker in þi minde,
For whas luf þou has undertane
To suffer paynes & seþin be slane.
Drede þou noght, bot stedfast be!
470 For I sal alway won with þe –
Paire paines sal do þe none-kins ill –
Till I will tak þe me vntill."
When þis was said, he went up euyn
With grete brightnes to blis of heuyn.
475 Þe Emperore gert on þe morn
Fetche þe mayden him biforn,
Forto assay more of hir will.
& al þus þan he spak hir till:
"Mayden, he said, þi-self sall se
480 Me es wele leuer þe life of þe
Þan with turmentes þe forto lose.
Þarfore of two þou sall haue chose:
Owþer to offer with-outen strif
Vnto my goddes and haue þi life,
485 And els, if þou will noght do þis,
To suffer paynes, til þou peris –
Þe tone of þise bus nedes be."
Þan answerd þe mayden fre
And said: "I couait for to lif
490 With Crist, þat gastly life may gif,
And for his luf I will be faine
Forto dy here with erthly payne;
For, when þis erthly pain es past,
Sal I haue life þat euer sall last.
495 Þarfore ordine, sir, I þe pray,
Þe hardes paine þou can puruay!
For my will es euer on all wise
Of mi fless to mak sacrifise,
For his sake þat on þe tre
500 Offerd his fless and blude for me."
Þan þat terant was so tene:
His herthly wo might no-man wene.
He cald opon his goddes gude spede,
Þat þai suld help him in þat nede.
505 And at þe last come at his call

f. 196

76

Ane of his hine, hight Beliall,
And untill him all þus said he:
"Sir Emperore, how may þis be?
Es no penance ȝit puruaid
510 Þat might mak þis maiden flaid,
Ne to ger hir mak sacrifice
Until oure goddes of mekill price?
Ger ordan, als I sall ȝow say,
Bitwene þis & þis day third day
515 Foure wheles stalworth for þe nanes,
To riue hir sunder fless and banes,
For in þe wheles sal stand out
Scharp crokes of iren all obout.
By þis be made, þan sall it be
520 So ill and ugly on to se,
Þat it sall ger hir be ful fain
To mensk oure goddes with al hir main.
& if scho will noght turn hir thoght,
With þam scho sal to ded be broght".
525 Þe Emperoure þan, als he had said,
Gert þir wheles be smertly graid
& on þe thrid day þam rayse
In middes a place of his palayse.
Þai war so foul and felly croked:
530 All folk war ferde þat on þam loked;
Two of þam turned dounwar plaine,
& two turned upward þam ogayne.
Þan toke þai Katerin, mayden clene,
And gert hir stand þe wheles bitwene,
535 So þat scho suld be sunder rent.
Bot Crist ful sone hir socore sent.
Scho stode prayan with mild steuyn,
Haldan hir eghen up till þe heuyn.
And als scho suld to ded be dight,
540 God of heuyn þare schewed his might:
Right als þe wheles bigan to stir,
His angels sent he unto hir,
Þat with grete strakes semeand of thunder
Þe whelis brak þai so in-sunder,
545 Þat foure thowsand of hir enmyse

Lay þare ded & might noght rise.
Þan was þare sorow & mikel tenes
Omang þe iews and þe payenes,
And mikell ioy to cristen men.
550 Bot Maxsencius ful wo was þen
For þis ilk wonder þat was wroght;
What he might do þan wist he noght.
Bot his gude quene, when scho herd tell
Of þis ferly how it bifell,
555 In hir hert grete ioy scho had
& furth scho went with sembland glad,
Bifor þe Emperoure gan scho fare,
Þat was als wode als a wild bare.
For his fare was scho noght affraid,
560 Bot baldly þus to him scho sayd:
Wharto rises þou with unright
Ogaynes þi maker, moste of might?
How grete he es, now may þou ken,
God þat gouers cristen men,
565 & how þi goddes with uain-glory
Er no-thing els bot mawmetry
Þat þe may nowþer help ne rede,
Als þou may se proued in þis stede".
Þan was þe Emperoure ful tene
570 And þus he said untill his quene:
„Whi spekes þou so, mine Emperise?
Allas! I wend þou had bene wise.
Wher any lurdan of cristen lay
Haue witched þe, þir wordes to say?"
575 Grete athes þan to hir he sware
& said: "bot þou tite leue þat lare
And unto my goddes mak ofrand,
Þis paine for þe sall be ordand:
Þe pappes fro þi brest sall be rast,
580 So þat þou sall lang penance tast,
Þi fals goddes to crus and ban;
And þi heuyd sall be smitten of þan,
And þi body bron on þe felde,
Wild bestes it forto welde".
585 Þan answerd þe Emperise

And spak to him þir wordes wise:
"Sir, I sall be redy ay
Till all þe paines þou can puruay;
I am here redy in þis stede
590 For Jhesu sake to suffer ded.
Þe herdar payn I here may haue,
Þe leuer es me, my sawl to saue".

De passione Regine et Porphurij militis.

When þe Emperoure þir wordes herd,
Als a wode lyon he ferd;
595 Langer he had þai suld noght stand
Bot sla hir, als he had cumand.
Ful felly þan on hir þai fest
& rugged hir furth with-owten rest.
Als þai so led hir to felde,
600 Unto saint Katerin scho byhelde
And said to hir þir wordes fre:
"Mayden, pray now god for me,
So þat I for none erthly sight
Lose þe coron he has me hight,
605 Ne þat no passion bodily
Mak me haue drede forto dy".
Þan to hir said þe mayden ȝing:
"Drede þe for none erthly thing!
For þis pain þat sal sone be past
610 Sall þou haue ioy þat euer sall last.
Þis day þou passes fra soro & strif
And takes þe mede of lastand lif".
When þis was said, þe kinges men
Out of þe cete harlid hir þen.
615 With iren hokes ful hastily
Drogh þai þe pappes of hir body,
On hokes þai hing hir pappes round,
And drogh þe body till þe ground,
And seþin þai smate hir heuyd of euyn

604 MS.: *corn* for *coron*

620 Hir saul went to blis of heuyn.
　　　Purfurius þan, þe nobill knight,
　　　Went preuely opon þe night,
　　　And toke oþer of his assent,
　　　And ordain a monument;
625 First he enoint þe blist body
　　　And groue it þan ful deuotely.
　　　On þe morn þe Emperoure herd say:
　　　Þat body was tane oway
　　　Þat he bad suld to bestes ly;
630 And þarfore had he grete enuy.
　　　He gert enquere þe suth ful tite
　　　Who might do him þat despite;
　　　Al þo þat in þat tyme war sene,
　　　Said he, suld be ded bidene,
635 Bot if he might graith knawing haue
　　　Who was so bald hir forto graue.
　　　When Porfuri saw in þat stede
　　　So mani suld for þat dede be dede,
　　　Leuer him was allane to dy:
640 Þarfore he spac ful hardily
　　　Vnto þe Emperoure, þare he stode:
　　　"Sir, he said, I hald þe wode.
　　　Erithly bodis more and les
　　　Forto be grauen, ful kindly es.
645 Sen þou sais sum sall bere þe blame,
　　　I say to þe, I am þe same;
　　　Seruand to Jhesu Crist am I
　　　And his marter I groue forþi".
　　　Þan was þe Emperoure wonder wode,
650 For tene he tremblid als he stode,
　　　And so to rare he gan bigin
　　　Þat all þe court rang with þe din.
　　　"Allas, he said, I lif ouer-lang
　　　To suffer all þir stowres strang!
655 Al erthly wele wendes o-way
　　　Þat me suld confort night or day!
　　　Lo here mi nobil knight, allas,
　　　Þat mi keper and confort was,
　　　Mi sekerest help in ilka nede

660 And mi solace in ilkadede –
Now es he most man me to noy
& has liking oure lawes to stroy
& grantes him anely forto ken
& serue þe god of cristen men.
665 "How think ȝow, asked he of þam all,
Of þis faitur how sall bifall?"
Þan all þe knightes in þat present
Vnto Purfuri sone assent
& said þai war redy to take
670 With him þe ded for Cristes sake.
Maxsencius þan was mased and mad –
Slike sorow in his hert he had –   *f. 197*
And cumand þat þai suld ilkane
Withowten [hone] alsone be slane:
675 "Paire heuides, he said, biliue o' strikes
& cast þaire bodis till dogges in dikes"!
Als he bad, hastily was done.
Þaire sauls wento heuyn ful sone.
    Maxcencius opon þe morn
680 Gert bring saint Katerin him biforn
& with grete uoise & greuose chere
He sayd to hir on þis manere:
"wikked woman, wo þe be!
No langer sal þou turment me,
685 Bot one of þir two sall þou chese:
Whethir þe es leuer þi heuid to lese
Or to mak ofrand with gude chere
Unto my goddes of grete powere.
And ȝit I rede þou þe avise
690 And to my goddes mak sacrifice,
Or I with schameful ded þe schende".
& þan answerd þe mayden hende:
"Terant, scho said, þi-self sall se
I couait noght to tari þe.
695 To what paine so þou will me wayue,
I am redy it to resayue;
For any pain þat þou may make

---

674 *hone* not in MS.

Jhesu sall I neuer forsake;
He es mi lord & his am I –
700 Þi fals goddes here I defy".
Þan was þe Emperoure ful wo
And cumand men biliue to go
With þat mayden without þe ȝates
And smite hir heuyd of in þe gates.
705 Als þai hir led so, to be slane,
Hir folowed maydens manyane
& widows & wiues, wepeand fulsare.
Unto þam all þus said scho þare:
"Worthi wemen, wendes ogayn
710 & murnes noght, bot more bese fain!
My lord Crist calles me to cum,
At won with him in kingdom".
When þis was said, on knese scho knelde
And up unto þe heuyn bihelde,
715 Praiand to god on þis manere:
"Lord Jhesu, mi mayster dere,
Luf of al þa þat trowes in þe,
Ioy and confort of maydens fre!
I thank þe, lord, mildly omell
720 Þat þou will tak me forto dwell
Omang þi maydens faire & bright,
Whare I sall euer of þe haue sight.
Sen þou slike grace to me has done,
Lord, I ask of þe þis bone:
725 Þat, who so will for þi renown
Mak minde of my passioun
Or honors me in word or dede
Or calles to me in time of nede –
Wheþer it be in point of ded
730 Or here when þai er will of rede –
What so þai rightwisly will craue,
Lord, grante þam grace it forto haue!
Here for þi luf þis life I end –
Resayue mi saul unto þi hend!"
735 Þus als scho praied with stedfast steuyn,

704 MS.: *heuyn* for *heuyd*

82

A uoyce spak þus to hir fro heuyn:
"Cum unto me, my mayden dere,
Resaiue þe coron of blisses sere!
Bihald and se in þi pase plain
740 How many halows cumes þe ogain!
Cum unto me, be noght adred!
All þat þow askes, it sall be sped,
And al þat oght of þe will craue
Of me fro heuin þai sall it haue".
745 Þan bed scho hir hals till þe strake,
And so þai gan hir marter make.
Milk ran out in stede of blode.
Hir sawll ful sone unto heuyn ȝode.
Þan come þare in þare aller sight
750 Grete cumpany of angels bright;
Þai toke þat bode clene and faire
And bare it up into þe ayre,
And so furt with grete melody
Vnto þe mownt of Synay
755 And beried it þare þam omang
With mikel ioy & solempne sang,
Als it was Cristes cumandment;
When þis was done, to heuyn þai went.
And seþin sekes untill hir graue
760 All seke & sare, þat hele will haue,
& unto hir god giffes slike grace
Þat all er helid in þat place
Thurgh merit of þat maiden gude
Þat for þam praied with mild mode.
765 God grant us grace þat we may cum,
And be deliuerd thurgh his dome,
Thurgh biseking of saint Katerin
Unto þat welth þat he wons in.

---

736 MS.: *noyce* for *uoyce*
740 MS.: *cum es* for *cumes*

From Capgrave's *Life of St. Katharine:* The Prologue (MS.
Arundel 396). 15th century

Prologus

A ihesu criste, crovne of maydenes alle,   *f. 1*
A mayde bare the, a mayde ȝave þe sook;
A-mongis the lylyes that may not fade ne falle
Thov ledest these folk, ryght so seythe the book,
5   With al her hert euere on thei look;
her love, her plesavns so sore is on the sette,
To sewe the, lord, and folwe thei can not lette.

Right thus be ordre we wene thov ledest the davnce:
Thy moder folweth the nexte, as resoun is,
10 And after other, thei go ryght as her chavnce
Is shape to hem of ioye that may not mys;
But next that lady a-bove alle other in blys
ffolweth this mayde whiche we clepe kataryne.
Thus wene we, lord, be-cavse that thov and thyne

15   have ȝove to hir of grace so greet plente,
That alle thy pryuileges whiche been in other fovnde
Arn sette in hir as in souereyn of heygh de-gree
ffor in alle these rychely dooth she abounde—
Looke alle these seyntis that in this world so rounde
20 Leved here sumtyme, and in som spyce or kynde
here vertues shal we in this same mayde fynde.

Thov yave to Iohn, lord, the greet evangelist,
Þin owyn presens whan he hens shuld weende:
That same presens ryght evene, as þov lyst,
25 Þov yave this mayde at hir lyves eende.
A welle of oyle eke þov wulde hir sende
Ovte of hir grave, as had seynt Nicholas;
And for hir clennesse þou gravnted hir þat graas

Whiche seynt pavle had: mylk ryght at his throte
30 Ran ovte wyth blood, men seyne in tookenyng
That martirdam and maydenhod ryght in on cote
Were medeled to-gedyr. þou dovter on-to the kyng,
So had þou fully alle these hooly thyng.

To araye thi grave his aungell eke god sent
35 Ryght as he dede for seynt Clement.

And as seynt Margarete had hir petycyon
At hir laste ende gravnted of god almyght:
What-maner man or woman that wyth devocyon
Asketh a bone of hir, he hath it ryght
40 As he wyl have, if he aske but ryght–
ffor ellys fayleth he, it is not to his be-hove;
The same grace hast þou of god, thi love,

Purchased, lady, on-to thi lovers alle.
Therefore will I the serve so as I kan,
45 And make thi lyef, that more openly it shalle
Be knowe a-bovte of woman and of man.
Ther was a preest, of flessh he was ful wan,
ffor grete labovr he had in his lyve
To seke thi lyef yeerys threttene and fyve.

50 Yet at þe laste he foonde it to his grete ioye
ffer vp in grece beryed in the grovnd;
Was neuer knyght in rome ne eke in Troye
More glad of swerd or basenet bryght and rovnd
Than was this preest whan he had it fovnd!
55 he blysshed it ofte, and seyde al hys labour
Was turned to solace, ioye and sokour.

he made this lyf en englyssh tunge ful weel.
But yet he deyed er he had fully doo:
Thi passyon, lady, and al that sharpe wheel
60 he lefte be-hynde, it is yet not doo too;
and that he made it is ful hard alsoo,   *f. 2*
Right for straungenesse of his dyrke langage.
he is now ded, þou hast youe hym his wage.

Now wil I, lady, more opynly make thi lyf
65 Oute of his werke, if þou wilt help ther-too;
It shal be knowe of man, of mayde, of wyf
What þou hast suffred and eke what þou hast doo.
Prey god, ovre lord, he wyl it may be soo,
Enspyre ovre wyttis wyth his prevy grace,
70 To preyse hym and the that we may have space!

This preest of whom I spak not longe ere,
In his prolog telleth al his desyre,
hov that he travayled many lond, to lere
The berthe, the contre, the langage of þis martire,
75 ho was hir moder and eke hoo was hir syre;
A-bovte this mater he labovred yerys eightene,
Wyth preyerys, fastynge, coold and mekel teene.

So at þe laste hadde he a revelacyon,
Al mysti and deerk, hyd vnder clovde:
80 he thovte he saugh tho in a vysyon
A persone honest, clothed in a precyovs shrovde,
Wiche euere cryed on þe preest ful lovde:
"Be-hold," he seyth, "þov man, what þat I am,
What þing I shewe and eke why I cam"–

85 ffor in his hand he held a book ful eelde
With bredys rotyn, leues dusty and rent;
And euere he cryed vp-on þe preest, "be-helde,
here is thin labour, here is al thin entent!
I wot ful weel what þou hast sovght and ment;
90 Ope thi movth, this book muste þou ete;
but if þou doo, thi wil shalt þou not gete."

"A, mercy, lord," seyde this preest to hym,
"Spare me nov! hov shuld I this book ete?
The rotyn bredes, the leves derke and dym
95 I may in no wyse in to my movth hem gete.
My movth is smal, and eke thei be so grete,
Thei wil breke my chaueles and my throte;
This mete to me is lykly to doo no note."

"Yes," seyde he, "þou muste nedes ete this book,
100 Thou shalt ellis repente. ope thi movth wyde,
Receyve it boldely, it hath no clospe ne hook,
Lete it go dovn and in thi woombe it hyde,
It shal not greve the neyther in bak ne syde;
In thi movthe bytter, in the woombe it wil be sweet–
105 So was it somtyme to Eʒechiel the prophet."

The preest tho took it in his movth a-noon,
It semed sweet, ryght as it hony were.
The other man is passed and I-goon.

The preest is stoyned, as thou he turned were.
110 Newe ioye, newe thovght had he thanne there!
he a-wook and was ful glad and blythe,
Of his dreem he blyssed god ofte-sythe.

After this not longe depe in a feeld
I-clad wyth flovres and heerbes grete and smale,
115 he dalf, and fond þis book wiche he be-held
Be-fore in slep, ryght as I told my tale.
There had he salve to all his bytter bale!
It was leyd there be a knyght þat men calle
Amylyon fitʒ amarak, of crysten knyghtis alle

120 Most devoute as on-to this mayde.
he fonde it a-mong old tresovr in Cypre lond.
In kyng petrys tyme, as the cronycle sayde
Of þat same Cypre where he his book foond,
And in pope Vrban tyme, I vndirstond
125 The fyfte of rome, fel al this matere
Wiche ye haue herd and yet ye shal more clere.

There was a clerke with þis same kataryne,
Whos name we clepe in latyn Athanas;
he tavghte hir the revles, as he covde dyuyne,
130 Of god of heuene, of ioye and of gras,
And she hym also, for be hir he was
I-turned on-to cryst and on-to oure feyth;
he was hir ledere, as the story seyth.

he wrote the lyf eke of this same mayde;
135 he was with hir at hir last ende,
he sav hir martird, as hym-self sayde,
he must nede hir lyf haue in meende!
he was a servant on-to hir, ryght keende—
What shuld I lengere in this preysyng tary?
140 he was hir chavnceler and hir secretary.

he gate hir maystrys thurgh-ovte the partes
Of alle gret grece, hir faderys empyre,
To leerne hir be rowe alle the .vij. artes;
This same man payed hem alle her hyre.

126 MS.: *hane* for *haue*

145 he was as in þat covrt fully lord and syre,
    he knewe hir kyn and hir covnsel also,
    hir fadir, hir moder, and all the lyne ther-to;

    hir holy lyf he knew, hir conuersacyon,
    Alle hir holy customes whil she leved here,
150 he stood by hir in hir grete passyon,
    he savgh the avngellis hovgh thei hir body bere
    ffer vp on-to synay and leyde it dovn there,
    he savgh þe vengavnce eke hovgh it was take
    On many a thovsande for hir dethes sake;

155   he saugh eke maxcence hovgh he was slayn,
    Dropped fro a brygge dovn in a rever,
    Deyed so ful sodeynly in a bitter payn,
    fforth was he drawe in to helle-feer;
    Avngellis bar hir, the deuellis bar his beer—
160 Be-hold þe sondry reward of vertu and of synne!
    On is in heuene, þe tother is helle with-Inne.

    Longe after the deth of this Maxcencius
    Bysshop in alysavndre, katarynes Cyte,
    Was þis same man, þis Athanasius;
165 In whiche he suffred ful meche aduersyte.
    I wot not verely yet if it were he
    Þat made þe salme wiche we clepe þe crede,
    Wiche we at prime often-tyme synge and rede.

    he deyed euene there an holy confessovr.
170 And after his deth myght vnnethe be knowe
    The lyf, the lernyng of this swete flovr
    And martyr kataryne, of hey ne of lowe;
    Til oon arrek dede it newe I-sowe:
    ffor ovte of grev he hath it first runge,
175 This holy lyf, in to latyn tunge.

    This clerk herd spekyn ofte-tymes of þis mayde,
    Bothe of hir lyf and of hir eende,
    hovgh she for love hir lyf had thus layde
    Of oure lord cryst, hir goostily spovse keende:
180 This made hym seker in to þat lond to weende,
    To knowe of þis bothe þe sprynge and þe welle,
    If ony man kovde it ony pleynere telle.

Twelue yeer in þat lond he dwelled and more,
To knowe her langage what it myght mene,
185 Til he of her vsage had fully þe lore,
Wyth ful moche stodye, tary and tene.
fful longe it was er he myghte it sene,
The lyf þat athanas made of þis mayde;
But at the laste he cam, as it is sayde,

190 There as he fonde it from mynde al I-deed.
ffor heretykes þat were tho in þat londe
hadden brent the bookys, bothe þe leef and þe breed,
As many as þei sovght and þat tyme fonde;
But, blyssed be god of that hey sonde,
195 This book fovnde thei novght in no-maner wyse—
God wolde not þat the noble seruyse

Of his ovne mayde shuld be thus for-yete.
An hundyr yeer after it was and more,
Þat this arrek this newe werk had gete,
200 ffro þe tyme of athanas—for so moche be-fore
Was he hens passed, I-ded and for-lore
As fro euery tunge, bothe his book and he,
Of euery man and woman in þat cuntre.

And be þis preest was it on-to english men
205 I-sovght and fovnde, and brovght on-to londe.
hid al in covnseyll a-mong nyne or ten,
It cam but seeldom on-to ony mannes honde;
Eke whan it kam, it was not vndirstonde,
Be-cavse, as I seyde, ryght for þe derk lang[ag]e.
210 Thus was thy lyf, lady, kepte in cage.

Neuerethelasse he did moche þing ther-too,
This noble preest, this very good man:
he hath led vs the weye and the dore on-doo,
That meche the beter we may and we can
215 ffolwe the steppys, for thov he sore ran,
We may hym ouer-take, wyth help and grace
Whiche þat þis lady shal vs purchace.

_____

209 MS.: *lange*

he is novgh ded, þis good man, this preest;
he deyed at lynne many yeer a-goo;
220 he is ny fro meende wyth more and wyth leest.
Yet in his deying and in his grete woo
This lady, as þei seye, appered hym on-too,
She bad hym be glad in most goodly wyse,
She wolde reward hym, she seyde, his seruyse.

225 Of the west cuntre it semeth þat he was,
Be his maner of speche and be his style;
he was somtyme parson of seynt pancras
In the Cyte of london a ful grete while.
he is nov a-bove vs ful many myle;
230 he be a mene to kataryne for vs,
And she for vs on-to ovre lord ihesus.

After hym next I take vp-on me
To translate this story and set it more pleyn,
Trostyng on other men þat her charyte
235 Shal helpe me in this cas to wryte and to seyn.
God sende me part of þat Heuenly reyn
That apollo bar a-bovte, and eke seynt poule;
It maket vertu to growe in mannys sovle.

If ye wil wete what þat I am:
240 Myn cuntre is Northfolk, of þe tovn of lynne;
Ovte of the world to my profite I cam
On-to þe brotherhod wiche I am Inne—
God yeve me grace neuere for to blynne
To folwe þe steppes of my faderis be-fore,
245 Wiche to the revle of Austyn were swore.

Thus endeth þe prolog of þis holy mayde.
Ye that reed it, pray for hem alle
That to this werk either travayled or payde,
Þat from her synnes wyth grace thei may falle,
250 To be redy to god whan þat he wil calle,
With hem in heuene to drynke and to dyne,
Thurgh þe preyer of þis mayde kataryne.

III. SAINT EDMUND

1 From Ælfric's *Lives of Saints* (MS. B. M. Cotton Julius E. vii).
Early 11th century

XII. KAL. DECEMBRES. PASSIO SANCTI EADMUNDI
REGIS ET MARTYRIS

Svm swyðe gelæred munuc com suþan ofer sæ   *f. 201 r.*
fram sancte benedictes stowe on æþelredes cynincges dæge
to dunstane ærce-bisceope þrim gearum ær he forðferde .
and se munuc hatte abbo . þa wurdon hi æt spræce oþþæt
5 dunstan rehte be sancte eadmunde . swa swa eadmundes
swurd-bora hit rehte æþelstane cynincge þa þa dunstan iung
man wæs . and se swurd-bora wæs forealdod man . Þa ge-
sette se munuc ealle þa gereccednysse on anre bec . and eft
ða þa seo boc com to us binnan feawum gearum þa awende
10 we hit on englisc . swa swa hit her-æfter stent . Se munuc þa
abbo binnan twam gearum . gewende ham to his mynstre
and wearð sona to abbode geset on þam ylcan mynstre.
Eadmund se eadiga eastengla cynincg
wæs snotor and wurðfull . and wurðode symble
15 mid æþelum þeawum þone ælmihtigan god .
He wæs ead-mod . and geþungen . and swa an-ræde þurh-
wunode
þæt he nolde abugan to bysmorfullum leahtrum .
ne on naþre healfe he ne ahylde his þeawas .
ac wæs symble gemyndig þære soþan lare .
20 [gif] þu eart to heafod-men ge-set . ne ahefe þu ðe .
ac beo betwux mannum swa swa an man of him .
He wæs cystig wædlum and wydewum swa swa   *f. 201 v.*
fæder.
and mid wel-willendnysse gewissode his folc
symle to riht-wisnysse . and þam reþum styrde .

---

20 *gif* not in MS.

25 and gesæliglice leofode on soþan geleafan .
Hit ge-lamp ða æt nextan þæt þa deniscan leode
ferdon mid scip-here hergiende and sleande
wide geond land swa swa heora gewuna is .
On þam flotan wæron þa fyrmestan heafod-men
30 hinguar and hubba . geanlæhte þurh deofol .
and hi on norð-hymbra-lande gelendon mid æscum .
and aweston þæt land . and þa leoda ofslogon .
Pa ge-wende hinguar east mid his scipum .
and hubba belaf on norð-hymbra-lande .
35 gewunnenum sige . mid wælhreownysse .
Hinguar þa becom to east-englum rowende .
on þam geare þe ælfred æðelincg . an and twentig geare
wæs .
se þe west-sexena cynincg siþþan wearð mære .
And se fore-sæda hinguar færlice swa swa wulf
40 on lande bestalcode . and þa leode sloh
weras and wif . and þa ungewittigan cild .
and to bysmore tucode þa bilewitan cristenan .
He sende ða sona syððan to þam cyninge
beotlic ærende . þæt he abugan sceolde
45 to his man-rædene gif he rohte his feores .
Se ærendraca com þa to eadmunde cynincge
and hinguares ærende him ardlice abead .
Hinguar ure cyning cene and sigefæst .
on sæ and on lande . hæfð fela þeoda gewyld .
50 and com nu mid fyrde færlice her to lande
þæt he her winter-setl mid his werode hæbbe .
Nu het he þe dælan þine digelan gold-hordas .
and þinra yldrena gestreon ardlice wið hine .
and þu beo his under-kyning . gif ðu cucu beon wylt .
55 for-ðan-þe ðu næfst þa mihte þæt þu mage him wið-standan.
Hwæt þa eadmund clypode ænne bisceop .
þe him þa gehendost wæs and wið hine smeade
hu he þam reþan hinguare and-wyrdan sceolde .   *f. 202 r.*
Pa forhtode se bisceop for þam færlican gelimpe .
60 and for þæs cynincges life . and cwæþ þæt him ræd þuhte
þæt he to þam gebuge þe him bead hinguar .
Pa suwode se cynincg and beseah to þære eorþan .
and cwæþ þa æt nextan cynelice him to .

Eala þu bisceop to bysmore synd getawode
65 þas earman land-leoda . and me nu leofre wære
þæt ic on feohte feolle . wið þam þe min folc
moste heora eardes brucan . and se bisceop cwæþ .
Eala þu leofa cyning þin folc lið ofslagen .
and þu næfst þone fultum þæt þu feohtan mæge .
70 and þas flot-men cumað . and þe cucenne gebindað
butan þu mid fleame þinum feore gebeorge .
oððe þu þe swa gebeorge þæt þu buge to him .
Pa cwæþ eadmund cyning swa swa he ful cene wæs .
Pæs ic gewilnige and gewisce mid mode .
75 þæt ic ana ne belife æfter minum leofum þegnum
þe on heora bedde wurdon mid bearnum . and wifum .
færlice ofslægene fram þysum flot-mannum .
Næs me næfre gewunelic þæt ic worhte fleames .
ac ic wolde swiðor sweltan gif ic þorfte
80 for minum agenum earde . and se ælmihtiga god wat
þæt ic nelle abugan fram his biggengum æfre .
ne fram his soþan lufe . swelte ic . lybbe ic .
Æfter þysum wordum he gewende to þam ærendracan
þe hinguar him to sende . and sæde him unforht .
85 Witodlice þu wære wyrðe sleges nu .
ac ic nelle afylan on þinum fulum blode
mine clænan handa . forðan-þe ic criste folgie
þe us swa ge-bysnode . and ic bliðelice wille beon
ofslagen þurh eow gif hit swa god fore-sceawað .
90 Far nu swiþe hraðe . and sege þinum reþan hlaforde .
ne abihð næfre eadmund hingware on life
hæþenum here-togan . buton he to hælende criste
ærest mid ge-leafan on þysum lande gebuge .
Pa gewende se ærend-raca ardlice aweg .   *f. 202 v.*
95 and gemette be wæge þone wælhreowan hingwar
mid eallre his fyrde fuse to eadmunde .
and sæde þam arleasan hu him geandwyrd wæs .
Hingwar þa bebead mid bylde þam scip-here
þæt hi þæs cynincges anes ealle cepan sceoldon .
100 þe his hæse forseah . and hine sona bindan .
Hwæt þa eadmund cynincg mid þam þe hingwar com .

---

75 MS.: *ane* for *ana*

stod innan his healle þæs hælendes gemyndig .
and awearp his wæpna wolde geæfen-læcan
cristes gebysnungum . þe for-bead petre
105 mid wæpnum to winnenne wið þa wælhreowan iudeiscan .
Hwæt þa arleasan þa eadmund gebundon
and gebysmrodon huxlice . and beoton mid saglum .
and swa syððan læddon þone geleaf-fullan cyning
to anum eorð-fæstum treowe . and tigdon hin þær-to .
110 mid heardum bendum . and hine eft swuncgon
langlice mid swipum . and he symble clypode
betwux þam swinglum mid soðan geleafan
to hælende criste . and þa hæþenan þa
for his geleafan wurdon wodlice yrre
115 for-þan-þe he clypode crist him to fultume .
Hi scuton þa mid gafelucum swilce him to gamenes to .
oð þæt he eall wæs besæt mid heora scotungum
swilce igles byrsta . swa swa sebastianus wæs .
Þa geseah hingwar se arlease flot-man .
120 þæt se æþela cyning nolde criste wið-sacan .
ac mid anrædum geleafan hine æfre clypode .
het hine þa beheafdian and þa hæðenan swa dydon .
Betwux þam þe he clypode to criste þagit
þa tugon þa hæþenan þone halgan to slæge .
125 and mid anum swencge slogon him of þæt heafod .
and his sawl siþode gesælig to criste .
Þær wæs sum man gehende gehealden þurh god .
behyd þam hæþenum . þe þis gehyrde eall .
and hit eft sæde swa swa we hit secgað her .   f. 203 r.
130 Hwæt ða se flot-here ferde eft to scipe .
and behyddon þæt heafod þæs halgan eadmundes .
on þam þiccum bremelum þæt hit bebyrged ne wurde .
Þa æfter fyrste syððan hi afarene wæron
com þæt land-folc to þe þær to lafe wæs þa .
135 þær heora hlafordes lic læg butan heafde .
and wurdon swiðe sarige for his slege on mode .
and huru þæt hi næfdon þæt heafod to þam bodige .
Þa sæde se sceawere þe hit ær geseah
þæt þa flot-men hæfdon þæt heafod mid him .
140 and wæs him geðuht swa swa hit wæs ful soð
þæt hi behyddon þæt heafod on þam holte forhwega .

94

Hi eodon þa secende ealle endemes to þam wuda .
secende gehwær geond þyfelas and bremelas
gif hi a-hwær mihton gemeton þæt heafod .
145 Wæs eac micel wundor þæt an wulf wearð asend
þurh godes wissunge to bewerigenne þæt heafod
wið þa oþre deor . ofer dæg . and niht .
Hi eodon þa secende . and symle clypigende .
swa swa hit gewunelic is þam ðe on wuda gað oft .
150 Hwær eart þu nu gefera ? and him andwyrde þæt heafod .
Her . her . her . and swa gelome clypode
andswarigende him eallum . swa oft swa heora ænig clypode .
oþþæt hi ealle becomen þurh ða clypunga him to .
Þa læg se græge wulf þe bewiste þæt heafod .
155 And mid his twam fotum hæfde þæt heafod beclypped .
grædig . and hungrig . and for gode ne dorste
þæs heafdes abyrian . and heold hit wið deor .
Þa wurdon hi ofwundrode þæs wulfes hyrd-rædenne .
and þæt halige heafod ham feredon mid him .
160 þancigende þam ælmihtigan ealra his wundra .
ac se wulf folgode forð mid þam heafde .
oþþæt hi to tune comon . swylce he tam wære .
and gewende eft siþþan to wuda ongean .
Þa land-leoda þa siþan ledon þæt heafod   *f. 203 v.*
165 to þam halgan bodige . and bebyrigdon hine
swa swa hi selost mihton on swylcere hrædinge
and cyrcan arærdan sona him onuppon .
Eft þa on fyrste æfter fela gearum .
þa seo hergung geswac and sibb wearð forgifen
170 þam geswenctan folce . þa fengon hi togædere
and worhton ane cyrcan wurðlice þam halgan .
for-þan-ðe gelome wundra wurdon æt his byrgene
æt þam gebæd-huse þær he bebyrged wæs .
Hi woldon þa ferian mid folclicum wurðmynte
175 þone halgan lichaman . and læcgan innan þære cyrcan .
þa wæs micel wundor þæt he wæs eall swa gehal
swylce he cucu wære mid clænum lichaman .
and his swura wæs gehalod þe ær wæs forslagen .
and wæs swylce an seolcen þræd embe his swuran ræd
180 mannum to sweotelunge hu he ofslagen wæs .
Eac swilce þa wunda þe þa wælhreowan hæþenan

95

mid gelomum scotungum on his lice macodon .
wæron gehælede þurh þone heofonlican god .
and he liþ swa ansund oþ þisne and-werdan dæg .
185 and-bidigende æristes . and þæs ecan wuldres .
His lichama us cyð þe lið un-formolsnod
þæt he butan forligre her on worulde leofode .
and mid clænum life to criste siþode .
Sum wudewe wunode oswyn gehaten
190 æt þæs halgan byrgene on gebedum
and fæstenum manega gear syððan .
seo wolde efsian ælce geare þone sanct .
and his næglas ceorfan syferlice . mid lufe .
and on scryne healdan to halig-dome on weofode .
195 Þa wurðode þæt land-folc mid geleafan þone sanct .
and þeodred bisceop þearle mid gifum
on golde and on seolfre . þam sancte to wurðmynte .
Þa comon on sumne sæl unge-sælige þeofas
eahta on anre nihte to þam arwurðan halgan
200 woldon stelan þa maðmas þe men þyder brohton .   f. 204 r.
and cunnodon mid cræfte hu hi in cumon mihton .
Sum sloh mid slecge swiðe þa hæpsan .
sum heora mid feolan feolode abutan .
sum eac underdealf þa duru mid spade .
205 sum heora mid hlæddre wolde unlucan þæt ægðyrl .
Ac hi swuncon on idel . and earmlice ferdon .
swa þæt se halga wer hi wundorlice geband .
ælcne swa he stod strutigende mid tole .
þæt heora nan ne mihte þæt morð gefremman .
210 ne hi þanon astyrian . ac stodon swa oð mergen .
Men þa þæs wundrodon hu ða weargas hangodon .
sum on hlæddre . sum leat to gedelfe .
and ælc on his weorce wæs fæste gebunden .
Hi wurdon þa ge-brohte to þam bisceope ealle .
215 and he het hi hon on heagum gealgum ealle .
Ac he næs na gemyndig hu se mild-heorta god
clypode þurh his witegan þas word þe her standað .
Eos qui ducuntur ad mortem eruere ne cesses .
Þa þe man læt to deaðe alys hi ut symble .
220 and eac þa halgan canones gehadodum forbeodað
ge bisceopum ge preostum . to beonne embe þeofas .

96

for-þan-þe hit ne gebyraþ þam þe beoð gecorene
gode to þegnigenne þæt hi geþwærlæcan sceolon .
on æniges mannes deaðe . gif hi beoð drihtnes þenas .
225 Eft þa ðeodred bisceop sceawode his bec syððan
behreowsode mid geomerunge . þæt he swa reðne dom sette
þam ungesæligum þeofum . and hit besargode æfre
oð his lifes ende . and þa leode bæd georne .
þæt hi him mid fæstan fullice þry dagas .
230 biddende þone ælmihtigan . þæt he him arian scolde .
On þam lande wæs sum man . leofstan gehaten .
rice for worulde . and unwittig for gode .
se rad to þam halgan mid riccetere swiðe .   *f. 204 v.*
and het him æt-eowian orhlice swiðe .
235 þone halgan sanct hwæþer he gesund wære .
ac swa hraðe swa he geseah þæs sanctes lichaman .
þa awedde he sona . and wæl-hreowlice grymetede .
and earmlice geendode yfelum deaðe .
Pis is ðam gelic þe se geleaffulla papa
240 gregorius sæde on his gesetnysse
be ðam halgan laurentie ðe lið on rome-byrig .
þæt menn woldon sceawian symle hu he læge .
ge gode ge yfele . ac god hi ge-stilde .
swa þæt þær swulton on þære sceawunge ane
245 seofon menn ætgædere . þa geswicon þa oþre
to sceawigenne þone martyr mid menniscum gedwylde .
Fela wundra we gehyrdon on folclicre spræce .
be þam halgan eadmunde þe we her nellaþ
on gewrite settan . ac hi wat gehwa .
250 On þyssum halgan is swutel . and on swilcum oþrum .
þæt god ælmihtig mæg þone man aræran
eft on domes dæg andsundne of eorþan
se þe hylt eadmunde halne his lichaman .
oð þone micclan dæg þeah ðe he of moldan come .
255 Wyrðe is seo stow for þam wurðfullan halgan
þæt hi man wurþige and wel gelogige
mid clænum godes þeowum . to cristes þeow-dome .
for-þan-þe se halga is mærra þonne men magon asmeagan .
Nis angel-cynn bedæled drihtnes halgena .
260 þonne on engla-landa licgaþ swilce halgan
swylce þæs halga cyning is and cuþberht se eadiga .

and sancte æþeldryð on elig . and eac hire swustor
ansunde on lichaman geleafan to trymminge .
Synd eac fela oðre on angel-cynne halgan
265 þe fela wundra wyrcað . swa swa hit wide is cuð
þam ælmihtigan to lofe . þe hi on gelyfdon .
Crist geswutelaþ mannum þurh his mæran halgan   *f. 205 r.*
þæt he is ælmihtig god þe macað swilce wundra
þeah þe þa earman iudei hine eallunge wið-socen .
270 for-þan-þe hi synd awyrgede swa swa hi wiscton him
                     sylfum .
Ne beoð nane wundra geworhte æt heora byrgenum .
for-ðan-þe hi ne gelyfað on þone lifigendan crist .
ac crist geswutelað mannum hwær se soða geleafa is .
þonne he swylce wundra wyrcð þurh his halgan
275 wide geond þas eorðan . Þæs him sy wuldor
a mid his heofonlican fæder . and þam halgan gaste
                  [a buton ende].   Amen.

2   From the *Early South English Legendary* (MS. Laud 108).
c. 1280–1290

Vita sancti Eadmundi regis

Seint Eadmund þe holie kyng : i-bore was here bi este   *f. 131 r.*
In þe on ende of Engelonde : of ȝwam Men makiez feste;
For of southfolke he was kyng : and of þe contreie wel wide.
Pare weren in Enguelonde þo : kyngus in fale side.
5 Swyþe fair knyȝt and strong he was : and hardi and quoynte,
Meoke and milde and ful of milce : and large in eche poynte.
Twey princes of an oþur lond : þat weren in luþere þouȝte,
Nomen heore red to-gadere faste : to bringue enguelond to nouȝte;
hubba was þat on i-hote : and þat oþur heiȝte hynguar.
10 Into enguelond huy comen with gret fierd : are ani man were
                 i-war :
In North-humberlond huy bi-gunne : and þare huy slowen to
                 grounde

---

276 *a buton ende* is a later interpolation in MS.

And robbeden and barnden al to nou3t : and destruyden al þat
huy founde.
þo huy hadden north-humberlond : clanliche a-doun i-brou3t,
Al-so huy wolden al enguelond : and þou3ten huy nolden blinne
nou3t :
hynguar, þat þe o. maister was : his felawe he bi-lefde þere,
hubba, wende here bi este : to quelle þat þare were.
Of þe guodnesse of seint Eadmund : he heorde muche telle :
Into is lond he wende a-non : to fondi him to quelle.
Into is hexte toune he cam : er any man were i-war,
And robbede furst al þat he fond : and made þane toun wel bar;
And al-so he slov þat folk to grounde : al þat he mi3te of-gon,
3ong and old, wyf and Mayde : he ne sparede neuere on.
children fram heore moder breste : he drov and let   *f. 131 v.*
heom quelle
And al-to-hewe bi-fore þe moderes : þat reuþe it was to telle;
þare-After he let þe Moderes a-sle : sorewe þare was I-nov3!
þane toun he barnde al to douste : and al þat folk a-slov3.
he axede at some of þe men : 3ware heore kyng were;
And huy tei3ten him 3ware he was : huy ne dorsten non-oþur
for fere :
In þe toune of Eglesdone : a guod wei þanes, he was.
þo þe luþere prince heorde þat : he ne made no softe pas,
Ake wende him þudere ful hastifliche : with is luþere men
ech-one.
huy comen and metten þane holie kyng : with-oute þe 3ate al one.
A-non so hynguar wuste þat it was he : he let him nime þere,
And bi-segi is Men alle : þat with-Inne were.
þis holie kyng was faste Inome. : and In a luyte stounde
Bi-fore þe prince he was i-lad : naked and faste i-bounde,
For-to a-fongue þare is dom : and non so men him nome,
Ri3t as men ladden ore louerd bi-fore pilatus : for-to a-fongue is
dome
In a wode as he was i-lad : to a treo huy him bounde
And with smarte scourges beoten him sore : and maden him
many a wounde.
þis holie man stod euere stille : he ne grochchede nou3t ene,
Ake euere he cride "god, þin ore!" : and non oþur he nolde him
mene.
So þat þis luþere tormentores : þat beoten him so sore,

þou₃ten þat huy him schame duden : and hov huy mi₃ten don
him more.

45 huy benden heore bouwene and stoden a-feor : and heore
Arewene ri₃ten :
Ase to ane marke huy schoten to him : ase euene ase huy mi₃ten.
þe Arewene stikeden on him ful þicke : and al is bodi to-drowe;
And euere stod þis holie man : ri₃t stille, ase þei he lowe.
Ase ful ase is an Irchepil : of piles al-a-boute,
50 So ful he stikede of Arewene : with-Inne and with-oute,
So ful, þat in none stude : on Arewe ne mi₃te In wende
bote he for-korue some oþure : more is bodi to rende.
Ase þe holie man i-Martred was : seint sebastian,
Also huy serueden is holie bodi : and schoten þane holie man,
55 þat euerech pece fram oþur fleu : þat wonder was of is liue.
And euere he stod ase him no rou₃te : and cride on god wel bliue.
þo hynguar i-sai₃ þat huy ne mi₃ten : þare-with ouer-come him
nou₃t,
A-non he let is heued of smyte : þat he were of liue i-brou₃t.
Ase þis holie man is beden bad : a man smot of is heued;
60 And is bodi was al-to-rend : and nou₃t i-hol bi-leued.
And for it was so al-to-drawe : huy leten it ligge þere.
Ake, for men ne scholden nou₃t finde is heued : forth with heom
huy it bere
Into þe wode of Eglesdone : ane derne stude huy founde :
A-mong þicke þornes huy it casten : and hudden it in þe grounde.
65 þo heo hadden of þis holie kyng : al heore wille þere,
glade and bliþe huy wenden forth : luþere Men ase it were.
þat heued huy hudden derneliche : þat no cristine man ne come,
₃if þat þare ani bi-lefte a-lyue : and with him þannes it nome.
A wilde wolf þare cam sone : and to þe heuede he drov₃,   *f. 132 r.*
70 And þare oppe he lai and wuste it faste : a-₃ein is kuynde
i-nouv₃–
For is kuynde were more to for-swolewen it– : and lickede it ofte
and custe,
And ri₃t ase he wolde is owene ₃welp : with wilde bestes it wuste.
Sethþe þare comen cristine Men : and in sum power weren
i-brou₃t :
þat holie bodi huy founden sone : for it nas i-hud ri₃t nou₃t.

71 MS.: *lickeden* for *lickede*

100

Ake for huy ne founden nouȝt þat heued : a-boute huy wenden
wide
And souȝtten it longue, In manie studes : euerech in his side.
huy ne miȝten it finde for no þyng. : so þat huy comen ane day
bi-sides þulke þicke þornes : þare ase þat heued lai.
huy nusten nouȝt þat it was þere. : þo bi-gan þat heued to grede,
Ase it a-mong þe þornes lay : and riȝt þeose wordes sede :
"Here, here, here," with swete voyz : ase þei he were a-liue.
þo þat folk i-heorde þat : þuder-ward huy wenden bliue :
þat heued huy founden in þulke stude : ase hit him-sulf sede.
Louerd, i-hered beo þi miȝte : þat þare was a fair dede!
þat heued huy beren to þe bodi : and setten it euene þare-to,
And beren it forth with gret honovr : ase riȝt was forto do.
To seint Eadmundesburie huy ladden him : ase men cleopiez
nouþe þene toun—
þare is on Abbeie of blake Monkes : ase huy setten him a-doun.
In swyþe noble schrine huy brouȝten him : ase riȝt was for-to do.
þare he lijth ȝeot hol and sound : ase heo i-seoth þat comieth
him to :
For is bodi þat was so to-drawe : hol bi-cam a-non
And sound, as þe ȝwyle he a-liue was : boþe of flesch and bon;
þat heued al-so faste to þe bodi : ase it was euerer.
In al is bodi nas o weom : þat man miȝte i-seo þer,
bote ase is heued was of I-smyte : ase ore louerd it wolde,
A smal red line is al-a-boute : schininde ase of golde.
A swyþe fair pilegrimage it is : þudere forto fare,
For-to honouri þat holie bodi : þat þare hath i-leie so ȝare.
Novþe god for þe loue of seint Eadmund : þat was so noble king,
graunte us þe Ioye þat he is Inne : aftur ovre ending.   Amen.

IV. SAINT GEORGE

1 From Ælfric's *Lives of Saints* (MS. B. M. Cotton Julius E. vii).
Early 11th century

Gedwol-men awriton ge-dwyld on heora bocvm .   *f. 70 r.*
be ðam halgan were ðe is gehaten georius .
Nu wille we eow secgan þæt soð is be ðam .
þæt heora gedwyld ne derige digellice ænigum .
5 Se halga georius wæs on hæþenum dagum
rice ealdor-man . under ðam reþan casere
þe wæs datianus geciged . on ðære scire cappadocia .
Pa het datianus ða hæðenan ge-gaderian
to his deofol-gildum his drihtne on teonan .
10 and mid manegum ðeowracum þæt mancynn geegsode .
þæt hi heora lac ge-offrodon þam leasum godum mid him .
Pa geseah se halga wer þæra hæðenra gedwyld
hu hi ðam deoflum onsægdon and heora drihten forsawon .
ða aspende he his feoh unforh on ælmyssum
15 hafen-leasum mannum þam hælende to lofe .
and wearð þurh crist gebyld . and cwæð to ðam casere .
Omnes dii gentium demonia . dominus autem caelos fecit .
Ealle þæra hæðenra godas synd gramlice deofla .
and ure drihten soðlice geworhte heofonas .
20 Pine godas casere syndon gyldene . and sylfrene .
stænene . and treowene . getreow-leasera manna hand-
                         ge-weorc .
and ge him weardas settað þe hi bewaciað wið þeofas .
Hwæt þa datianus deofollice geyrsode   *f. 70 v.*
ongean ðone halgan wer . and het hine secgan
25 of hwilcere byrig he wære . oððe hwæt his nama wære .
Pa andwyrde georius ðam arleasan and cwæð .
Ic eom soðlice cristen and ic criste þeowige .
Georius ic eom gehaten . and ic hæbbe ealdor-dom

on minum earde . ðe is gehaten cappadocia .

30 and me bet licað to forlætenne nu
þisne hwilvendlican wurðmynt . and þæs wuldor-fullan
godes
cyne-dome gehyrsumian on haligre drohtnunge .
Pa cwæð datianus . þu dwelast geori .
genealæc nu ærest and geoffra þine lac
35 þam unofer-swiðendum apolline . seðe soþlice mæg
þinre nytennysse gemiltsian . and to his manrædene gebigan
Georius þa befran þone feondlican casere .
hwæðer is to lufigenne . oððe hwam lac to offrigenne .
ðam hælende criste ealra woruldra alysend ?
40 oþþe apolline ealra deofla ealdre .
Hwæt ða datianus mid deofollicum graman
het ðone halgan wer on hencgene ahæbban .
and mid isenum clawum clifrian his lima .
and ontendan blysan æt bam his sidum .
45 het hine þa siððan of ðære ceastre alædan
and mid swinglum þreagen and mid sealte gnidan .
ac se halga wer wunode unge-derod .
Pa het se casere hine on cwearterne don .
and het geaxian ofer eall sumne æltæwne dry .
50 Pa ge-axode þæt athanasius se dry .
and com to ðam casere . and hine caflice befran .
hwi hete ðu me feccan þus færlice to þe ?
Datianus andwurde athanasie ðus .
Miht þu adwæscan þæra cristenra drycræft .
55 Pa andwyrde se dry . datiane ðus .
Hat cuman to me þone cristenan mann .
and beo ic scyldig gif ic his scyncræft ne mæg
mid ealle adwæscan mid minum drycræfte .
Pa fægnode datianus þæt he funde swylcne dry .
60 and het of cwearterne lædan ðone godes cempan .
and cwæð to ðam halgan mid hetelicum mode .
For ðe geori ic begeat þisne dry .
oferswyð his drycræft oððe he þe oferswyðe .
oððe he fordo þe oððe þu fordo hine .   f. 71 r.
65 Georius ða beheold þone hæðenan dry .
and cwæð þæt he ge-sawe cristes gife on him .
Athanasius ða ardlice genam

ænne mycelne bollan . mid bealuwe afylled
and deoflum betæhte ðone drenc ealne .
70 and sealde him drincan ac hit him ne derode .
Þa cwæð eft se dry . Git ic do an þincg .
and gif him þæt ne derað . Ic buge to criste .
He genam ða ane cuppan mid cwealm-berum drence .
and clypode swyðe to sweartum deoflum .
75 and to ðam fyrmestum deoflum . and to ðam ful strangum .
and on heora naman begol þone gramlican drenc .
sealde ða drincan þam drihtnes halgan .
ac him naht ne derode se deofollica wæta .
Ða geseah se dry þæt he him derian ne mihte .
80 and feol to his fotum fulluhtes biddende .
and se halga georius hine sona gefullode .
Hwæt ða datianus deoflice wearð gram .
and het geniman þone dry þe þæer gelyfde on god .
and lædan of ðære byrig and beheafdian sona .
85 Eft on þam oþrum dæge het se arleasa casere
gebindan georium on anum bradum hweowle .
and twa scearpe swurd settan him to-geanes .
and swa up ateon and under-bæc sceofan .
Þa gebæd georius hine bealdlice to gode .
90 Deus in adiutorium meum intende domine ad adiuuandum
                                    me festina .
    God beseoh ðu on minum fultume . drihten efst þu nu me to
                                    fultumigenne .
    and he wearð þa gebroht mid þysum gebæde on þam
                                    hweowle .
    Þa tyrndon þa hæðenan hetelice þæt hweowl .
    ac hit sona tobærst and beah to eorðan .
95 and se halga wer wunode ungederod .
    Datianus þa dreorig wearð on mode .
    and swor ðurh ða sunnan . and ðurh ealle his godas
    þæt he mid mislicum witum hine wolde fordon .
    Ða cwæð se eadiga georius him to .
100 Þine ðeow-racan synd hwilwendlice .
    ac ic ne forhtige for ðinum gebeote .
    þu hæfst minne lichaman on ðinum anwealde .
    ac ðu næfst swa þeah mine sawle . ac god .
    Þa het se casere his cwelleras feccan

105 ænne ærenne hwer . and hine ealne afyllan
    mid wealendum leade . and lecgan georium
    innon ðone hwær . þaða he hattost wæs .
    Pa ahof se halga to heofonum his eagan .
    his drihten biddende and bealdlice cweðende .
110 Ic gange into þe on mines drihtnes naman .
    and ic hopige on drihten þæt he me ungederodne
    of ðisum weallendum hwere wylle nu ahreddan .
    þam is lof . and wuldor . geond ealle woruld .
    And he bletsode þæt lead and læg him onuppan .
115 and þæt lead wearð acolod þurh godes mihte .
    and georius sæt gesund on ðam hwere .
    Ða cwæð se casere to þam cristes þegene .
    Nast þu la geori þæt ure godas swincað mid þe .
    and git hi synd geþyldige þæt hi þe miltsion .
120 Nu lære ic ðe swa swa leofne sunu .
    þæt ðu þæra cristenra lare forlæte mid ealle .
    and to minum ræde hraðe gebuge .
    swa þæt ðu offrige þam arwurðan appolline .
    and þu mycelne wurðmynt miht swa begitan .
125 Pa se halga martyr mid ðam halgan gaste afylled .
    smearcode mid muðe and to ðam manfullan cwæð .
    Us gedafenað to offrigenne þam undeadlicum gode .
    Æfter ðisum bebead se ablenda datianus .
    þæt mann his deadan godas deorwurðlice frætewode .
130 and þæt deofles templ mid deorwurðan seolfre .
    and het þider lædan þone geleaffullan martyr .
    wende þæt he wolde wurðian his godas .
    and his lac geoffrian ðam lif-leasum godum .
    Hwæt ða georius to eorðan abeah
135 þus biddende his drihten gebigedum cneowum .
    Gehyr nu god ælmihtig þines ðeowan bene .
    and þas earman anlicnyssa mid ealle fordo .
    swa swa wex formylt for hatan fyre .
    þæt menn ðe oncnawan and on ðe gelyfan .
140 þæt þu eart ana god ælmihtig scyppend .
    Æfter ðisum gebede bærst ut of heofonum
    swyðe færlic fyr . and forbernde þæt templ .
    and ealle ða godas grundlunga suncon
    into þære eorðan . and ne æteowdon siððan .

145 Eac swylce þa sacerdas suncon forð mid .
and sume ða hæðenan þe þær gehende stodon .
and georius axode þone arleasan casere .
On hwilcum godum tihst þu us to gelyfenne ?
Hu magon hi ahreddan ðe fram frecednyssum .
150 þonne hi ne mihton hi sylfe ahreddan .
Hwæt ða datianus gedihte þisne cwyde .
and het ðus acwellan þone godes cempan .
Nimað þisne scyldigan þe mid scincræfte
towende ure arwurðan godas mid ealle to duste .
155 and dragað hine niwelne his neb to eorðan
geond ealle ðas stræt and stænene wegas .
and ofsleað hine syþþan mid swurdes ecge .
Pa tugon þa hæðenan þone halgan wer
swa datianus him gediht hæfde .
160 oðþæt hi comon to ðære cwealm-stowe .
and se martyr bæd þæt he hine gebiddan moste .
to ðam ælmihtigan gode and his gast betæcan .
He þancode ða gode eallra his godnyssa .
þæt he hine gescylde wið þone swicolan deofol .
165 and him sige forgeaf þurh soðne geleafan .
He gebæd eac swylce for eal cristen folc .
and þæt god forgeafe þære eorðan renas .
for þan ðe se hæða þa hynde ða eorðan .
Æfter ðisum gebæde he bletsode hine sylfne .
170 and bæd his slagan þæt he hine sloge .
Mid þam ðe he acweald wæs . ða comon þyder sona
his agene land-leode geleofede on god .
and gelæhton his lic and læddan to þære byrig
þe he on ðrowode . and hine ðær bebyrigdon
175 mid mycelre arwurðnysse . þam ælmihtigan to lofe .
Pa asende sona drihten ren-scuras .
and þa eorðan gewæterode þe ær wæs for-burnen .
swa swa georius bæd ærðan þe he abuge to slege .
Hwæt ða datianus wearð færlice ofslagen
180 mid heofonlicum fyre . and his geferan samod
þa ða he hamwerd wæs mid his heah þegenum .
and he becom to helle ærðan þe to his huse .
and se halga georius siðode to criste .
mid ðam he a wunað on wuldre . Amen.

2 From the *South English Legendary* (MS. Corpus Christi Coll. Camb. 145). Early 14th century

De sancto Gorgio*

Sein Gorge þe holy man · as we vindeþ iwrite   *f. 59 r.*
In þe lond of Capadose · ybore was and biȝute
Þe false godes he forsok · & tok to Cristendom
And louede wel Iesu Crist · and holyman bicom
5 Dacian þe luþer prince · þat was þulke stounde
Alle Cristene men þat he vond · he let bringe to gronde
As he honurede a day is false godes · and oþer manion
Sein George com & sai it al · as he com þeruorþ gon
Þe signe he made of þe crois · & blessede him al aboute
10 & armede him þoru þe Holi Gost · wiþinne & eke wiþoute
& wende him forþ wel baldeliche · & loude he gan to grede
To Dacian and alle his · and þeos wordes sede
Alle false godes · beoþ deueles chikene iwis
For oure Louerd heuene made · & in þe sauter iwrite is
15 Þo Dacian hurde þis · he grennede & femede vaste
And lourede wiþ luþer semlant · and þeos wordes out caste
Bel amy wat ertou · þat so fol ert and bold
Þat in oure poer & in oure godes · such wordes hast itold
Þat ne destou us noȝt one ssame · as we alle iseoþ
20 Ac oure godes ek wanne þou seist · þat hi deuelen beoþ
Tel me sone wanne þou ert · & wat is þi name
Þat derst us segge & oure godes · so baldeliche such ssame
Gorge ich hatte quaþ þis oþer · Cristen man ich am
And of þe lond of Capadose · hider to ȝou ich cam
25 Bel amy quaþ Dacian · turn þi þoȝt anon
And honure here oure godes · oþer it ssel anoþer gon
Be[o] stille þou fol quaþ sein Gorge · for þou spext embe noȝt
For ich habbe in Iesu Crist · byset al mi þoȝt
A traitor quaþ þis Dacian · woltou take on so
30 Þou sselt in oþer ribaudie · sone dayes beo ido
He let him honge up anhei · in a maner rode

---

* MS.: title in the margin
19 MS.: *ac* for *as*

And þerto him binde faste naked · mid ropes stronge & gode
Wiþ kene oules þere bineþe · tormentors þer stode
And al todrowe his holy limes · þat hi ronne ablode
35 Al hi todrowe is tendre vleiss · þe peces folle to gronde
Bernynge eoly suþþe hy nome · and caste inis wonde
Po hi hadde him þus todrawe longe · þat ruþe it was to se
Hy biþoȝte him of more ssame · & nome hi doun of þe tre
Wiþ harde scorges leide him on · and wonde up   ƒ. 59 v.
                    oþer made
40 To þe bare bon þe scorges come · as þe oules hadde er iwade
Pe wonden hi nome & sulte suþþe · & þat salt þicke caste
And suþþe wiþ a clout of here · hi rodde it wel vaste
A Louerd muche was þe pine · þat ech up oþer was þere
Ruþe it was such pine to se · wo so of ruþe were
45 And euere lai þis holyman · as him noþing nere
To sulte so þat quike uleiss · and robby wiþ an here
Po Dacian isey þat he nemiȝte · ouercome him so
He let binde þis holyman · and in strong prison do
Per he lay al longe niȝt · to oþer wowe inowe
50 Pe tormentors amorwe · touore Dacian him drowe
Hi fondede þo in eche manere · ȝif hi miȝte turne is þoȝt
Ac hi seie þo wel echone · þat it was al for noȝt
Dacian let make a weol of bras · so strong so he miȝte
And ssarpe swerdes þicke aboute · þeron faste he piȝte
55 And let nyme þis holyman · & þere aboue him do
Pat þe swerdes ssolde is body · rente & todrawe ato
Anon so hi þis holiman · aboute þis weol broȝte
Pat weol tobrak as God it wolde · & to brusede it al to noȝte
So þat þis holyman · harmles þer of was
60 Wel wroþ was Dacian · so he sei þis cas
A forneis he let nyme of bras · & fulde it fol of led
A strang fur he let makie inou · as he nom sone is red
Po þis was al ymult · and boilede wel uaste
He let nyme þis holyman · and amidde caste
65 Sein George nom up is hond · & þe crois biuore him made
And in wellinde led · wel baldeliche gan wade
Per on he sat wel softe adoun · as him noþing nere
And lenede him to þe brerde · stille as he aslepe were
And lay as he in reste were · forte þat led attelaste
70 Was al into þe cold iturnd · þat boillede er so uaste

Louerd muche was þi miȝte · as me miȝte þer ise
Pat enyman in welde led · so miȝte harmles be
Po Dacian þis isei · is wit him was nei bynome
Mahon he sede hou geþ þis · war is þi miȝte bicome
75 Wanne i ne may þis foule þeof · ouercome in none wise
Ich ssel bynime him sone is lif · ne ssel he neuere arise
His dom he gan to ȝiue anon · þat hi sein Gorge nome
And drou him out þoru al þe toun · forte hi wiþoute come
And þat hi smite of wiþoute toun · is heued attelaste *f. 60 r.*
80 And is body þere in som voul place · to wilde bestes caste
Po þis dom was þus iȝiue · it nas noȝt ilete
Hi lete drawe þis holyman · wel villiche þoru þe strete
Forte hi come wiþoute toun · þer hi wolde is heued of smite
Hore arme hi drowe uorþ · and wette it kene to bite
85 Leue breþeren quaþ sein Gorge · an stonde abideþ ȝute
Forte ich habbe to Iesu Crist · my preiere ido a lite
His honden he huld up anhei · adoun he sat akne
Louerd he sede Iesu Crist · þat al þing miȝte ise
Grante me ȝif it is þi wille · þat wo so in faire manere
90 Halt wel mi day in Aueril · for mi loue an eorþe here
Pat þer ne valle in þulke hous · no qualm in al þe ȝere
Ne gret siknesse ne honger strang · þat þer of ne be no fere
And wo in peril of þe se · to me bit is bone
Oþer in oþer stude perilous · help him þerof sone
95 Po hurde hy a uois of heuene · þat to him sede iwis
Come uorþ to me my blessed child · þi bone ihurd is
Po is heued was of ysmite · as al þat folk ysey
Angles nome is holy soule · and bar up to heuene anhey
Per he is in grete ioye · þat last wiþoute ende
100 Nou God for sein Gorges loue · us lete al þuder wende

DE FESTO SANCTI GEORGII, MARTYRIS.

f. 77 r.

Good men and woymen, such a day ȝe schull haue þe fest of Saynt George. Þe wheche day ȝe schull come to holy chyrch, in worschyp of God and of þat holy martyr Seynt George þat boȝt his day full dere.

For as I rede in hys lyfe, I fynde þat þer was an horrybull dragon, þat men of þe cyte wer so aferd, þat þay, by cownsell of þe kyng, yche day, ȝeuen hym a schepe and a chyld forto ete; for he schuld not come into þe cyte and ete hom. Then when all þe chyldyr of þe cyte wer eten, for bycause þat þe kyng ȝaf hom þat concell, þay constrayned hym þat he put on doghtyr forto ȝeue hyr to þe dragon, as þay had hor chyldyr before. Then þe kyng, for fere of þe pepull, wyth wepyng and gret sorow makyng, delyuerd hom hys doghtyr yn hyr best aray. Then þay settyn hur yn þe place þer þay wer *[f. 77 v.]* wont to set oþyr chyldyr, and a schepe wyth hyr, forto abyde þe tyme tyll þe dragon wold come. But þen, by ordenance of God, Seynt George come rydyng þat way; and when he saw þe aray of þys damesell, hym þoght well þat hyt schuld be a womon of gret renon, and askyd hur why scho stode þer wyth soo mornyng a chere. Þen vnswared scho and sayde: 'Gentyll knyȝt, well may I be of heuy chere, þat am a kyngys doghtyr of þys cyte, and am sette here forto be deuoured anon of an horrybull dragon þat haþe eton all þe chyldyr of þys cyte. And for all ben eten, now most I be eten; for my fadyr ȝaf þe cyte þat consell. Wherfor, gentyll knyght, gos hens fast and saue þyselfe, lest he les þe as he woll me!' 'Damesell,' quod George, 'þat wer a gret vyleny to me, þat am a knyȝt well i-armed, yf I schuld fle, and þou þat art a woman schuld abyde.' Then wyth þys worde, þe horrybull best put v̇p his hed, and spyttyng out fure, and proferet batayll to George. Þen made George a cros befor hym, and set hys spere in þe grate, and wyth such myght bare down þe dragon into þe erth, þat he bade þis damysell bynd hur gurdull about his necke and lede hym aftyr hur into þe cyte. Then þys dragon sewet her forth, as hyt had ben a gentyll hownde, mekly wythout any

mysdoyng. But when þe pepull of þe cyte saw þe dragon come,
þay floen, ych man into hys hyrn, for ferd. Then callyd George
þe pepull aȝeyne, and bade þay schuld not be aferd; for yf þay
wolden leue in Crist and take fologht, he wold befor hom all sle
hym, and so delyuer hom of hor enmy. Then wer þay all so glad,
þat xx^ti þowsand of men, wythout woymen and chyldren, wer
folowed, and þe kyng was fyrst folowed and all hys houshold.
Pen George slogh þys dragon, and bade bryng x exen to hym,
and draw hym out of þe cyte, þat þe sauer of hym schuld do
hom no greue. And [f. 78 r.] bade þe kyng byld fast in euery
hurne of hys lond chyrches, and be lusty forto here Godys
seruyce, and do honour to all men of holy chyrch, and euer haue
mynd and compassion of all men ðat wer nedy and pore.

Then, when þat George had þus turnyd þys lond to Godis
fayþe, he herd how þe Emperour Dyaclisian dyd mony cristen
men to deþ. He went to hym boldely, and repreued hym of þe
cursed dede. Then þe Emperour anon commawndyd forto do
hym into prison and lay hym þer vpryght, and a mylne-ston
vpon his brest, forto haue so cruschet hym to deþ. But when he
was seruet so, he prayd to God of help; and God kept hym so,
þat he feld no harme yn[1] no party of hys body. But when þe
Emperour herd þerof, he bade make a whele[2] set full of howkes
yn þat on syde of þe whele, swerde poyntys in þat oþyr syde
aȝeyne þat, and set George in þe myddys, and so forto turne þe
wheles and all torase hys body on ayþyr syde. But when he was
yn þe turment, he prayd to Crist of socour, and was holpen
anon. Aftyr he was put in an[3] hote brennyng lyme-kylne and
closed þeryn, forto haue ben brent; but God turnet wyth hys
myȝt þe hete into cold dew. ȝette, þe þryd day aftyr, when all
men wendon he had ben brent to coles, þen was he fonde lyght
and mery, and þonked God. Aftyr when he was fatte and sette
before þe Emperour, he repreuyd hym of hys false goddys, and
sayde þay wer but fendys, and wythout myght, and false at
nede. Then made þys Emperour forto bete his mouþe wyth
stonys, tyll hyt was all topounet, and made to bete hys body
wyth dry bolle-senows, tyll þe flessch fell from þe bon and hys

---

[1] MS.: *ny* for *yn*
[2] MS.: *wlele* for *whele*
[3] *an* not in MS.

guttes myght be seyne. ȝet aftyr þay made hym to drynke venom
þat was made strong for þe nonys, forto haue poysont hym to
þe deþ anon. But when George had made þe syngne of þe cros
on hit, he dranke hyt wythout any greve, *[f. 78 v.]* soo þat, for
wondyr þerof, þe man þat made þe poysen, anon turned to the
fayþe, and anon was don to deþe for Crystys sake. Then, þe
nyȝt aftyr, as George was in prison prayng to God, God come to
hym wyth gret lyght, and bade hym be of good comfort; for in
þe morow he schuld make an end of hys passyon, and so com to
hym into þe ioy þat euer schall last. And when he had set a
crown of gold apon hys hed, he ȝaf hym hys blessyng and stegh
into Heuen. Then anon, on þe morow, for he wold not do
sacryfice to þe Emperourys false goddys, he made to smyte of
hys hed; and soo passed to God. And when þe Emperour wold
haue gone to hys palys, þe layte fure brent hym and all hyss
seruantes.

Narracio.

In a story of Antioch ys wrytton þat, when cristen men
beseget Ierusalem, a fayre ȝong knyȝt aperut to a prest, and
sayde þat he was Saynt George and leder of cristen men, and
commaundyd þat he schuld bere wyth hom hys relykes, and com
wyth hom to þe sege. But when þay comen to þe walles of
Ierusalem, þe Saracens weren so strong wythyn þat cristen men
durst not clymbe vp hor laddres. Then com Seynt George,
cloþyd yn whyte, and a red crosse on hys brest, and ȝode vp
þe laddyrs, and bade þe cristen men com aftyr hym. And so
wyth þe helpe of Seynt George, þay wonen þe cyte, and slogh
all þe Saresyns þay fonden þeryn. And þerfor pray we to
Saynt George þat he wyll be our helpe at oure nede, and saue
þys reem to þe worschyp of God and his modyr Mary and all þe
company of Heuen. Amen.

De sancto Georgio.

Georgius dicitur a geos, quod est terra, et orge, quod est colere, quasi colens terram, id est carnem suam. Augustinus autem in libro de trinitate, quod bona terra est altitudine montium, temperamento collium, planitie corporum. Prima enim est bona ad virentes herbas, secunda ad vineas, tertia ad fruges. Sic beatus Georgius fuit altus despiciendo inferiora et ideo habuit virorem puritatis, temperatus per discretionem et ideo habuit vinum aeternae jucunditatis, planus per humilitatem et ideo protulit fruges bonae operationis. Vel dicitur a gerar, quod est sacrum, et gyon, quod est arena, quasi sacra arena. Fuit enim arena, quia ponderosus morum gravitate, minutus humilitate, et siccus a carnali voluptate. Vel dicitur a gerar, quod est sacrum, et gyon, quod est luctatio, quasi sacer luctator, quia luctatus est cum dracone et carnifice; vel Georgius dicitur a gero, quod est peregrinus, et gir praecisio et ys consiliator. Ipse enim fuit peregrinus in contemtu mundi, praecisus in corona martyrii et consiliator in praedicatione regni. Ejus legenda inter scripturas apocryphas in Nicaeno concilio connumeratur ex eo, quod ejus martirium certam relationem non habet. Nam in calendario Bedae legitur, quod sit passus in Persica civitate Dyaspoli, quae prius Lidda vocabatur, et est juxta Joppen. Alibi, quod passus sit sub Dyocletiano et Maximiniano imperatoribus; alibi quod sub Dyocletiano imperatore Persarum praesentibus LXXX regibus imperii sui. Hic, quod sub Daciano praeside imperantibus Dyocletiano et Maximiniano.

Georgius tribunus genere Cappadocum pervenit quadam vice in provinciam Libyae in civitatem, quae dicitur Silena. Juxta quam civitatem erat stagnum instar maris, in quo draco pestifer latitabat, qui saepe populum contra se armatum in fugam converterat flatuque suo ad muros civitatis accedens omnes inficiebat. Quapropter compulsi cives duas oves quotidie sibi dabant, ut ejus furorem sedarent, alioquin sic muros civitatis invadebat et aërem inficiebat, quod plurimi interibant. Cum ergo jam oves paene deficerent, maxime cum harum copiam habere non possent, inito consilio ovem cum adjuncto homine tribuebant. Cum igitur sorte omnium filii et filiae hominum darentur et sors neminem

exciperet, et jam paene omnes filii et filiae essent consumti, qua-
dam vice filia regis unica sorte est deprehensa et draconi adjudi-
cata. Tunc rex contristatus ait: tollite aurum et argentum et
dimidium regni mei et filiam mihi dimittite, ne taliter moriatur.
Cui populus cum furore respondit: tu, o rex, hoc edictum fecisti
et nunc omnes pueri nostri mortui sunt et tu vis filiam tuam
salvare? nisi in filia tua compleveris, quod in aliis ordinasti, suc-
cendemus te et domum tuum. Quod rex videns coepit filiam
suam flere dicens: heu me, filia mea dulcissima, quid de te faciam?
aut quid dicam? quando plus videbo nuptias tuas? Et conversus
ad populum dixit: oro, ut inducias octo dierum lugendi mihi
filiam tribuatis. Quod cum populus admisisset, in fine octo dierum
reversus populus est cum furore dicens: quare perdis populum tuum
propter filiam tuam? En omnes afflatu draconis orimur. Tunc
rex videns, quod non posset filiam liberare, induit eam vestibus re-
galibus et amplexatus eam cum lacrymis dixit: heu me, filia mea
dulcissima, de te filios in regali gremio nutrire credebam et nunc
vadis, ut a dracone devoreris. Heu me, filia mea dulcissima,
sperabam ad tuas nuptias principes invitare, palatium margaritis
ornare, tympana et organa audire, et nunc vadis, ut a dracone
devoreris. Et deosculans dimisit eam dicens: utinam, filia mea,
ego ante te mortuus essem, quam te sic amisissem! Tunc illa pro-
cidit ad pedes patris petens ab eo benedictionem suam: quam
cum pater cum lacrymis benedixisset, ad lacum processit. Quam
beatus Georgius casu inde transiens ut plorantem vidit, eam,
quid haberet, interrogavit. Et illa: bone juvenis velociter equum
adscende et fuge, ne mecum pariter moriaris. Cui Georgius: noli
timere, filia, sed dic mihi, quid hic praestolaris omni plebe spec-
tante? Et illa: ut video, bone juvenis, magnifici cordis es tu, sed
mecum mori desideras? fuge velociter. Cui Georgius: hinc ego non
discedam, donec mihi, quid habeas, intimabis. Cum ergo totum
sibi exposuisset, ait Gregorius: filia, noli timere, quia in Christi
nomine te juvabo. Et illa: bone miles, sed te ipsum salvare festi-
nes, mecum non pereas! sufficit enim, si sola peream, nam me
liberare non posses et tu mecum perires. Dum haec loquerentur,
ecce draco veniens caput de lacu levavit. Tunc puella tremefacta
dixit: fuge, bone domine, fuge velociter. Tunc Georgius equum
ascendens et cruce se muniens draconem contra se advenientem
audaciter aggreditur et lanceam fortiter vibrans et se Deo com-
mendans ipsum graviter vulneravit et ad terram dejecit dixitque

puellae: projice zonam tuam in collum draconis nihil dubitans, filia. Quod cum fecisset, sequebatur eam velut mansuetissima canis. Cum ergo eum in civitatem duceret, populi hoc videntes per montes et colles fugere coeperunt dicentes: vae nobis, quia jam omnes peribimus. Tunc beatus Georgius innuit iis dicens: nolite timere, ad hoc enim me misit dominus ad vos, ut a poenis vos liberarem draconis; tantum-modo in Christum credite et unusquisque vestrum baptizetur et draconem istum occidam. Tunc rex et omnes populi baptizati sunt. Beatus autem Georgius evaginato gladio draconem occidit et ipsum extra civitatem efferri praecepit. Tunc quatuor paria boum ipsum in magnum campum foras duxerunt, baptisati autem sunt in illa die XX millia exceptis parvulis et mulieribus, rex autem in honorem beatae Mariae et beati Georgii ecclesiam mirae magnitudinis construxit, de cujus altari fons vivus emanat, cujus potus omnes languidos sanat, rex vero infinitam pecuniam beato Georgio obtulit, quam ille recipere nolens pauperibus eam dari praecepit. Tunc Georgius regem de quatuor breviter instruxit, scilicet ut ecclesiarum Dei curam haberet, sacerdotes honoraret, divinum officium diligenter audiret et semper pauperum memor esset, et osculato rege inde recessit. In aliquibus tamen libris legitur, quod, dum draco ad devorandam puellam pergeret, Georgius se cruce munivit et draconem aggrediens interfecit. Eo tempore imperantibus Dyocletiano et Maximiano sub praeside Daciano tanta persecutio christianorum fuit, ut infra unum mensem XVII millia martirio coronarentur, unde inter tot tormentorum genera multi christiani deficiebant et ydolis immolabant. Quod videns sanctus Georgius tactus dolore cordis intrinsecus omnia, quae habebat, dispersit, militarem habitum abjecit, christianorum habitum induit et in medium prosiliens exclamavit: omnes Dii gentium daemonia! dominus autem caelos fecit. Cui praeses iratus dixit: qua praesumtione audes Deos nostros daemonia appellare? Dic, unde es tu aut quo nomine voceris? Cui Georgius ait: Georgius vocor, ex nobili Cappadocium prosapia ortus Palaestinam Christo favente devici, sed omnia deserui, ut servire possem liberius Deo coeli. Cum autem praeses eum ad se inclinare non posset, jussit eum in equuleum levari et membratim corpus ejus ungulis laniari, appositis insuper ad latera facibus patentibus viscerum rimis sale plagas ejus fricari jussit. Eadem nocte dominus cum ingenti lumine ei apparuit et ipsum dulciter confortavit, cujus melliflua visione et allocutione sic confortatus est, ut pro nihilo duceret cruciatus. Videns Dacianus, quod eum poenis superare non posset, quendam magum accersivit eique dixit: Christiani suis magicis artibus tormenta ludificant et Deorum nostrorum sacrificia parvi pendunt. Cui magus: si artes ejus superare nequivero, capitis reus ero. Ipse igitur maleficiis suis injectis et Deorum suorum nominibus invocatis venenum vino immiscuit et sancto Georgio sumendum porrexit, contra quod vir Dei signum crucis edidit haustoque eo nil laesionis sensit. Rursum magus priore fortius venenum immiscuit, quod vir Dei signo crucis edito sine laesione aliqua totum bibit. Quo viso magus statim ad pedes ejus cecidit, veniam lamentabiliter petiit et se christianum fieri postulavit, quem mox judex decollari fecit. Sequenti die jussit Georgium poni in rota, gladiis bis acutis undique circumsepta, sed statim frangitur et Georgius illaesus penitus invenitur. Tunc iratus jussit eum in sartaginem plumbo liquefacto plenam projici, qui facto signo crucis in eam intravit, sed virtute Dei coepit in ea quasi in balneo refoveri. Quod videns Dacianus cogitavit eum emollire blanditiis, quem minis superare non poterat vel tormentis, dixitque illi: vides, fili Georgi, quantae mansuetudinis sunt Dii nostri, qui te blasphemum tam patienter sustinent, parati nihilominus, si converti volueris, indulgere. Age ergo, dilectissime fili, quod hortor, ut superstitione relicta Diis nostris sacrifices, ut magnos ab ipsis et a nobis consequaris honores. Cui Georgius subridens ait: ad quid a principio non magis mihi persuasisti blandis sermonibus quam tormentis? ecce paratus sum facere, quod hortaris. Hac Dacianus permissione delusus laetus efficitur jussitque sub voce praeconis, ut omnes ad se convenirent et Georgium tamdiu reluctantem tandem cedere et sacrificare viderent. Ornata igitur tota civitate prae gaudio cum Georgius ydolorum templum sacrificaturus intraret et omnes ibidem gaudentes adstarent, flexis genibus dominum exoravit, ut templum cum ydolis sic omnino destrueret, quatenus ad sui laudem et populi conversionem nihil de eo penitus remaneret, statimque ignis de coelo descendens templum cum Diis et sacerdotibus concremavit terraque se aperiens omnes eorum reliquias deglutivit. Hic exclamat Ambrosius in praefatione dicens: Georgius fidelissimus miles Christi, dum christianitatis professio silentio tegeretur, solus inter christicolas intrepidus Dei filium est confessus. Cui et tantam constantiam gratia divina concessit, ut et tyrannicae

potestatis praecepta contemneret et innumerabilium non formidaret tormenta poenarum. O felix et inclitus domini proeliator!
Quem non solum temporalis regni blanda non persuasit promissio, sed persecutore deluso simulacrorum ejus portenta in abyssum dejecit. Haec Ambrosius. Hox audiens Dacianus Georgium
ad se adduci fecit eique dixit: quae malitia tua, pessime hominum, quod tantum facinus commisisti? Cui Georgius: ne credas,
rex, sic esse, sed mecum perge et iterum me immolare vide. Cui
ille: intelligo fraudem tuam, quia vis me facere absorberi, sicut
templum et Deos meos absorberi fecisti. Cui Georgius: dic mihi
miser, Dii tui, qui se juvare non potuerunt, quomodo te juvabunt? Iratus rex nimis dixit Alexandriae uxori suae: deficiens
moriar, quia ab hoc homine me superatum cerno. Cui illa: tyranne crudelis et carnifex, numquid non dixi tibi, ne saepius
christianis molestus esses, quia Deus eorum pro ipsis pugnaret, et
nunc scias, me velle fieri christianam. Stupefactus rex ait: heu
proh dolor! numquid et tu es seducta? Fecitque eam per capillos
suspendi et flagellis durissime caedi. Quae dum caederetur, dixit
Georgio: Georgi lumen veritatis, quo, putes, perveniam nondum
aqua baptismi renata? Cui Georgius: nihil haesites, filia, quia
sanguinis tui effusio baptismus tibi reputabitur et corona. Tunc
illa orans ad dominum emisit spiritum. Huic attestatur Ambrosius in praefatione dicens: ob hoc et gentium regina Persarum
crudeli a viro dictata sententia nondum baptismi gratiam consecuta gloriosae passionis meruit palmam, unde nec dubitare possumus, quod rosea perfusa sanguinis unda reseratas poli januas
ingredi meruit regnumque possidere coelorum. Haec Ambrosius.
Sequenti vero die Georgius accepit sententiam, ut per totam
civitatem traheretur, postmodum capite puniretur. Oravit autem
ad dominum, ut quicunque ejus imploraret auxilium, petitionis
suae consequeretur effectum, divina autem vox ad eum venit,
quod sic fieret, ut oravit. Completa oratione capitis abscisione
martirium consummavit sub Dyocletiano et Maximiano, qui coeperunt circa annum domini CCLXXXVII, Dacianus autem
cum de loco, in quo decollatus est, ad palatium rediret, ignis de
coelo cecidit et ipsum cum ministris suis consumsit. Refert Gregorius Turonensis, quod, cum quidam quasdam reliquias sancti
Georgii deferrent et in quodam oratorio hospitati fuissent, mane
nullatenus capsam movere potuerunt, donec ibidem reliquiarum
particulam dimiserunt. Legitur in hystoria Antiochena, quod,

cum christiani ab obsidendum Jerusalem pergerent, quidam ju-
venis speciosissimus cuidam sacerdoti apparuit, qui sanctum Ge-
orgium ducem christianorum se esse dicens monuit, ut ejus reli-
quias secum in Jerusalem deportarent et ipse cum iis esset. Cum
autem Jerusalem obsedissent et Saracenis resistentibus per scalas
adscendere non auderent, beatus Georgius albis armis indutus et
cruce rubra insignitus apparuit innuens, ut post se securi ad-
scenderent et civitatem obtinerent. Qui hoc animati civitatem
ceperunt et Saracenos occiderunt.

5   From Caxton's *Golden Legend*. c. 1483 [*]

The lyfe of saynt George

Here foloweth the lyfe of saynt George martyr / and fyrst the
interpretacion of his name.

George is sayd of geos / whiche is as moche to saye as erthe
and orge / that is tilyenge / so george is to saye as tilyenge the
erthe / that is his flesshe / and saynt Austyn sayth in libro de
trinitate that good erthe is in the heyght of the mountaynes in
the temporaunce of the valeyes / and in the playne of the feldes.
The fyrst is good for herbes beynge grene the .ij. to vynes and
the thyrde to whete and corne. Thus the blessyd george was
hyghe in despysynge lowe thynges and therfore he had verdeur
in hymselfe. He was attemporate by discrecion and therfore he
had wyne of gladnes / and within he was playne of humylyte /
and therby put he forthe whete of good werke. Or George may
be sayd of gera: that is holy / and of gyon that is a wrasteler /
that is an holy wrasteler. For he wrasteled with the dragon. or
it is sayd of george that is a pylgrym / and geyr that is cut or
detrenched out and us that is a counseyllour. He was a pylgryme
in the syght of the worlde / and he was cut and detrenched by
the crowne of martyrdome / and he was a good counseyllour in
prechynge. And his legende is nombred amonge other scryptures
apocryfate in the counseyll of Nycene by cause his martyrdome

---

[*] From a 1512 edition printed by Wynkyn de Worde.

hath no certayne relacion. For in the kalender of bede it is sayd
that he suffred martyrdome in parsydye in the cyte of dyapo-
lim / and in other places it is redde that he resteth in the cyte of
dyspolyn / whiche tofore was called lyde / whiche is by the cyte
of Ioppem or Iaph. And in an other place it is sayd that he
suffred dethe vnder dyoclesyan and maximyan which that tyme
were emperours And in an other place vnder Dioclesyan / Em-
perour of Perse beyenge presente .lxx. kynges of his empyre. And
it is sayd here that he suffred dethe vnder dacyen the prouoste.
Than Dyoclesyan and Maxymyan beynge emperours.

Saynt George was a knyght and borne in capadoce. On a tyme
he came in to the prouince of Lybye to a cyte whiche is sayd
Sylene / and by this cyte was a stagne or a ponde lyke a see /
wherin was a dragon whiche enuenymed all the countree. And
on a tyme the people were assembled for to slee hym / and whan
they sawe hym they fledde. And whan he came nyghe the cyte
he venymed the people with his breeth and therfore the people of
the cyte gaue to hym euery daye two shepe for to fede hym by
cause he sholde do no harme to the people. And whan the shepe
fayled / there was taken a man and a shepe. Than was an
ordynaunce made in the towne that there sholde be taken the
chyldren and yonge people of them of the towne by lotte / and
euryche as it fell were he gentyll or poore sholde be delyuered
whan the lot fell on hym or her. So it happed that many of them
of the towne were than delyuered / in so moche that the lotte fell
vpon the kynges doughter wherof the kynge was sory and sayd
vnto the people. For the loue of the goddes take golde and syluer
and all that I haue and lete me haue my doughter. They sayd
how syre ye haue made and ordeyned the lawe and our chyldren
ben now deed and now ye wolde do the contrarye / your dough-
ter shall be gyuen / or elles we shall brenne you and your houses.
Whan the kynge sawe he myght no more do he began to wepe
and sayd to his doughter. Now shall I neuer see thyne espou-
sayles. Than retourned he to the people and demaunded .viij.
dayes respyte and they graunted it to hym. And whan the .viij.
dayes were passed / they came to hym and sayd: thou seest that
the cyte peryssheth. Than dyde the kynge do araye his doughter
lyke as she sholde be wedded / and enbraced her and kyssed her /
and gaue her his benedyccyon / and after ledde her to the place
where the dragon was. Whan she was there saynt George passed

by / and whan he sawe the lady / he demaunded to the lady
what she made there / and she sayd. Go ye your waye fayre
yonge man that ye perysshe not also. Than sayd he / telle to me
what haue ye /and why ye wepe / and doubte ye no thynge.
whan she sawe that he wolde knowe / she sayd to hym how she
was delyuered to the dragon. Than sayd saynt George / fayre
doughter doubte ye no thynge therof. For I shall helpe the in
the name of Ihesu cryste. She sayd for goddes sake good knyght
go your waye / and abyde not with me / for ye may not delyuer
me. Thus as they spake togyder / the dragon appyered and came
rennynge to theym / and saynt George was vpon his hors / and
drewe oute his swerde / and garnysshed hym with the sygne of
the crosse and rode hardely agaynst the dragon / whiche came
toward hym and smote hym with his spere and hurte hym sore
and threwe hym to the grounde. And after sayd to the mayde /
delyuer to me your gyrdell / and bynde it aboute the necke of
the dragon / and be not aferde. Whan she had done soo / the
dragon folowed her as it had be a meke beest and debonayre.
Than she ledde hym in to the cyte / and the people fledde by
mountaynes and valeyes and sayd / alas alas we shall be all ded.
Than saynt George sayd to theym ne doubte ye no thynge /
without more beleue ye in god Ihesu cryst and do ye to be
baptysed and I shall slee the dragon. Than the kynge was bap-
tysed and all his people / and saynt George slewe the dragon and
smote of his heed / and commaunded that he sholde be drawen
in the feldes / and they toke foure cartes with oxen that drewe
hym out of the cyte. Than were there well xv. thousande men
baptysed / without women and chyldren. And the kynge dyde
do make a chirche there of our lady and of saynt George. In the
whiche yet sourdeth a fountayne of lyuynge water / whiche
heleth the seke people that drynken therof. After this the kynge
offred to saynt George as moche money as myght be nombred
but he refused all / and commaunded that it sholde be gyuen to
poore people for goddes sake. And enioyned the kynge foure
thynges / that is that the kynge sholde haue charge of the chirches /
and that he sholde honour the preestes / and here theyr seruyce
diligently / and that he sholde haue pyte on the poore people /
and after he kyssed the kynge and departed.

Now it happed that in the tyme of dyoclesyen and maximyen
which were emperours was so grete persecucyon of crysten men

that within a moneth were martred well xxii. thousand / and therefore they had so grete drede that some renyed and forsoke god and dyde sacryfyce to the ydolles. Whan saynt George sawe this / he lefte the habyte of a knyght and solde all that he had / and gaue it to the poore / and toke the habyte of a crysten man and went in to the mydle of the paynymes / and began to crye all the goddes of the paynymes and gentyls ben deuylles. My god made the heuens and is very god. Than sayd the prouost to hym / of what presumpcyon cometh this to the that thou sayest that our goddes ben deuylles and saye to vs what thou art / and what is thy name. He answered and sayd. I am named George I am a gentyll man a knyght of Capadoce / and haue left all for to serue god of heuen. than the prouost enforced hymselfe to drawe hym fro the fayth by fayre wordes. And whan he myght not brynge hym therto / he dyde do reyse hym on a gybet and so moche bete hym with grete staues and broches of yron / that his body was all to broken in pyeces and after he dyde do take brondes of yron and ioyned them to his sydes and his bowels whiche than appyered he dyde do frote with salte / and soo sente hym in to pryson but our lorde appyered vnto hym the same nyghte with grete lyght and conforted hym moche swetely. And by this grete consolacyon he toke to hym soo good herte that he doubted no tourment that they myght make hym suffre. Than whan dacyen the prouost sawe that he myght not surmounte hym / he called his enchauntour and sayd to hym. I se that these crysten people doubte not our tourmentes. The enchauntour bonde hymselfe vpon his heed to be smyten of yf he ouercame not his craftes. Thenne he dyde take stronge venyme and medled it with wyne / and made inuocacyon of the names of his false goddes and gaue it to saynt George to drynke Saynt George toke it and made the sygne of the crosse on it / and anone dranke it without greuynge hym ony thynge. Than the enchauntour made it moche stronger than it was tofore of venyme and gaue it hym to drynke / and it greued hym no thynge. Whan the enchauntour sawe that he kneled downe at the fete of saynt George and prayed hym that he wolde make hym crysten. And whan Dacyen knewe that he was becomen crysten / he made to smyte of his heed / and after on the morowe he made saynt George to be sette bytwene two wheles whiche were full of swerdes sharpe and cutttynge [sic] on bothe sydes But anone the wheles were broken /

and saynt George escaped withoute hurte. And than commaunded Dacyen that he sholde be put in a cawdron full of molten leed. And whan saynt George entred therin by the vertue of our lorde hym semed that he was in a bayne well at ease. Than Dacyen seynge this began to aswage his yre: and to flatre hym by fayre wordes and sayd to hym. George the patience of our goddes is ouer grete vnto the whiche hast blasphemed them and done to them grete despyte. Than fayre and ryght swete sone I praye the that thou retourne to our lawe and make sacryfyce to the ydolles and leue thy folye / and I shall enhaunce the to grete honour and worshyp. Than began George to smyle and sayd to hym / wherfore saydest thou not to me thus at the begynnynge / I am redy to do as thou sayst. Than was Dacyen glad / and made to crye ouer all the towne that all the people sholde assemble for to see George make sacryfyce whiche somoche had stryued there agaynst Than was the cyte arayed and feste thrugh out all the towne / and all came to the temple for to see hym. Whan saynt george was on his knees / and they supposed that he wolde haue worshypped the ydolles he prayed our lorde god of heuen that he wolde destroye the temple and the ydolle in the honour of his name for to make the people to be conuerted. And anone the fyre descended fro heuen and brente the temple and the ydolles and theyr preestes / and sythen the erthe opened and swalowed all the cendres and asshes that were lefte. Thenne Dacyen made hym to be brought tofore hym and sayd to hym / what ben the euyll dedes that thou haste done / and also grete vntrouth. Thenne sayd to hym saynt George. A syr beleue it not but come with me and se how I shall sacryfye Than sayd Dacyen to hym. I see well thy frawde and thy barate thou wylte make the erthe to swalowe me lyke as thou hast the temple and my goddes. Thenne sayd saynt george. O caytyfe telle me how may thy goddes helpe the whan they maye not helpe themselfe. Than was Dacyen so angry that he sad to his wyfe. I shall deye for angre yf I may not surmounte and ouercome this man. Than sayd she vnto hym euyll and cruell tyraunt ne seest thou not the grete vertue of the crysten people I saye to the well that thou sholdest not do to theym ony harme for theyr god fyghteth for them and knowe thou well that I wyll become crysten. Than was Dacyen moche abasshed and sayd to her wylt thou be crysten / than he toke her by the heere and dyde doo bete her cruelly.

Than demaunded she of saynt george / what may I become by cause I am not crystened. Thenne answered the blessyd George / doubte the no thynge fayre doughter / for thou shalte be baptysed in thy blode. Thenne began she to worshyppe our lorde Ihesu cryst: and so he [sic] deyed and wente to heuen. On the morowe Dacyen gaue sentence that saynt George sholde be drawen thrugh all the cyte / and after his heed sholde by smyten of. Than made he his prayer to our lorde that all they that desyred ony bone myght gete of oure lorde god in his name / and a voyce came fro heuen whiche sayd that it whiche he hadde desyred was graunted. And after he had made his oryson his heed was smyten of aboute the yere of our lorde .ij. C.lxxxvii. whan Dacyen went homewarde from the place where he was byheded towarde his palays fyre fell bowne [sic] fro heuen vpon hym and brente hym and all his seruauntes.

George of Turonense telleth that there were some that bare certeyn relyques of saynt George and came in to a certeyn oratorye in an hospytall. And on the mornynge whan they sholde departe they coude not moeue the dore tyll they had lefte there parte of the relyques.

It is also founden in the hystorye of antyoche that whan the crysten men went ouer see to conquere Iherusalem that on a ryght fayr yonge man appyered to a preest of the hoost and counseylled hym that he sholde bere with hym a lytell of the relyques of saynt George / for he was a conduytour of the batayle and so he dyde so moche that he had some. and whan it so was that they had assyeged Iherusalem and durst not mounte ne go vpon the walles for the quarelles and defence of the sarrasyns: they sawe appertely saynt George whiche had whyte armes with a reed crosse that went vp tofore them on the walle and they folowed hym / and so was Iherusalem taken by his helpe and bytwene Iherysalem and porte Iaphe by a towne called Ranus is the chapell of saynt George / whiche is now desolate and vncouered / and therin dwelle crysten grekes. And in the sayd chapell lyeth the body of saynt Georges but not the heed / and there lyen his fader and moder and his vncle not in the chapell but vnder the walle of the chapell / and the keepers wyll not suffre pylgrymes to come therin but yf they paye two duckettes. And therfore come but fewe therin but offre withoute the chapell at an aulter / and there is .vii. yere and vii. lentes of pardon /

and the body of saynt George lyeth in the mydle of the quere or chore of the sayd chapell / and in his tombe is an hole that a man may put in his honde.

And whan a sarrasyn beynge madde is brought thyder / and yf he put his heed in the hole he shall anone be made parfytely hole / and haue his wytte agayne. This blessyd and holy martyr saynt George is patrone of this royame of Englonde / and the crye of men of warre. In the worshyp of whome is founded the noble ordre of garter / and also a noble college in the castell of Wyndesore by kynges of Englonde / in whiche college is the herte of saynt George whiche Sygysmonde the emperour of almayne brought and gaue it for a grete and precyous relyque to kynge Harry the fyfte. And also the sayd sygysmonde was a broder of the sayd garter / and also there is a pyece of his hede whiche college is nobly endowed to the honour and worshyp of al-myghty god and his blessed martyr saynt George. Thenne lete vs praye vnto hym that he be specyall protector and defensor of thi royame.

6 From Barclay's *Lyfe of St. George.* 1515

[i]
Of the lamentable complaynt of the virgyne / whan she was left alone before the dragon. Capitulum.   viii.

Hirself alone : this wyse complayned she
O wretchyd Alcyone : who can expres thy wo
780 (For she by name / was callyd Alcyone)
Why is thy state : and cruell fortune so
That into this dragons / bely thou must go
Alas shall my dayes / no lenger tyme indure
I dye or the day / prefyxed of nature.

785 My graue approchyth / my body to deuoure
yet I alyue / hole sounde and innocent
By cours of nature / farre from my dethes houre
yet is my deth : and endynge day present
Fye on the fortune : both fals and fraudelent

790 What haue I done? what gyle conde thou deuyse?
    A fautles virgyne : to murder in this wyse?

    Why is heuyn erth / and helle to me contrary?
    My self se I nowe : hatyd of them echone
    Of al the goddes / and mortall men here by
795 I se no socoure : compassyon haue they none
    Before this monstre : here am I left alone
    Without all confort / proteccyon or defence
    And that before / my faders owne presence.

    Are these the festes / of my maryage
800 So longe abyden / of my father the kynge
    O my dere moder / feble and farre in age
    Is this your confort : of my fryt and ofsprynge
    Wherin your hope / was set aboue all thynge
    O goddes all / if ye haue iyen to se
805 Beholde my sorowe / in this extremyte.

    O heuynly goddes / shewe vnto me your face
    Whiche by your myght : as men recorde and tell
    Haue Aryadna : sauyd in suche case
    O goddes of the see : o gouernours of hell
810 If ye haue iyen / to se this case cruell
    If any mercy / can moue you to pyte
    Haue mercy nowe / on your Alcyone.

    Haue I nat euer / ben lowe in your presence
    Before your Auters : both meke and innocent
815 Prostrate in prayer / with humble reuerence
    Than nowe here my mone / to my request assent
    If ye be goddes / in heuyn parmanent
    As we blynde wretchys / in you suppose and trowe
    Declare your myght / shewe forth your power nowe.

820 With suche wordes / or lyke as we may thynke
    This wofull virgyne / complayned all alone
    As she that was / at dethes dore or brynke
    Whan they on the wallys : harde this carefull mone
    To se the case theyr herte was colde as stone
825 For fere they quakyd : hauynge no tere to wepe
    That dolefull syght / persyd theyr herte so depe.

125

Drede and compassyon / them nere bereft theyr lyfe
Theyr hertes stryken with doloure vyolent
But noble George / had payne moste excessyfe
830 From the hylle beholdynge : the virgyn innocent
So all his men made mone full euydent
And all the straungers : bewaylyd hyr dystres
Theyr hertes plungyd / in care and heuynes.

Styll stode the monstre / with iyen bryght as fyre
835 Maruaylynge in maner / of the ryche aray
And of the fayre virgyns / precyous attyre
For the other were / put nakyd forth alway
yet by the bondys : she knewe it was hyr pray
Wherefore with Iawes / and throte displayed wyde
840 Fast to the virgyne : began she for to glyde.

Hyr myghty body : somwhat made slowe hyr pace
So that hyr meuynge / was slake as one myght se
Hyr body semyd a volt / or some great place
If on from farre / behelde hyr quantyte
845 Hyr tayle came after / with great prolyxyte
Leuynge the prent : behynde hyr in the way
Hyr wynges abrode / she drewe vnto hyr pray.

Howe saynt george mouyd with compassyon defendyd yᵉ virgyne and
ouercame the dragon by myght of god. Capitulum.   ix.

Whan George from farre / behelde the foule dragon
He thought that syght / a myschefe inhumayne
850 His herte was kyndlyd / with pyte & compassyon
Recouerynge courage : and boldnes souerayne
He thought to red / the virgyne of hyr payne
And made a crosse : deuoutly on his brest
His spere anone / was charged in the rest.

855 With spurrys of golde / he stroke his stedes syde
To spede his pase : as was his comon gyse
And to the monstre / dyd rather fle than ryde
Whan the beholders / this boldnes dyd deuyse
They all had wonder / to se his interpryse
860 And to theyr goddes / they all began to cry
To sende the knyght / the palme and victory.

126

But brefly nowe / for to declare this fyght
God euer is redy / to helpe a bolde courage
In whom had George / more truste than in his myght
865 And to the monstre / flewe : for all hyr rage
To set this stroke / he sought his auauntage
His noble herte / was out of dout and fere
And in at hyr mouth : so ran he with his spere.

Of this fowle dragon / by myghty vyolence
870 The spere thorugh throte / into the wombe fast went
Suche was of god / the socour and defence
But soone the stede began / his cours to stent
By force astonyed / of stroke so vyolent
yet kept the knyght / styll his audacyte
875 The ferefull monstre / was nat so fyers as he.

But shortly after / what tyme the stede agayne
His myght recouered : and herte of excellence
Of brydyll and byt / his courage had disdayne
Coursynge at wyll / for any resystence
880 So moche that all / the people in presence
More drade the stede / and were astonyd more
Than of the monstre / whiche fered them before.

After this short fury / hasty and sodayne
Of myghty courage / kendlyd this wyse by yre
885 Was somewhat slakyd / his mekenes come agayne
The stede hym tournyd : his iyen semynge on fyre
Gatherynge his fete : as nature dyd requyre
Nere to his bely : his nostrylles blastynge wyde
Disdaynynge the dragon : and coursynge by hyr syde.

890 The valyaunt george : of courage was egall
And drewe his sworde / glasyd so clere and bryght
That the flamynge shadowe / stroke on the cyte wall
By Phebus aydyd : and strykyn with his lyght
With suche weapen : the champyon bolde and wyght
895 All drede expulsyd : the monstre dyd withstande
Tyll tyme his swerde / was broken to his hande.

But thoughe the monstre / was woundyd mortally
At the first assaut / yet quyckenyd she agayne
But noble George / withstode so valyauntly

900 That all the Monsters / fury was in vayne
At last he gaue / the beste a stroke sodayne
Thorugh throte and herte : with another spere
The bowels brast / the staffe remayned there.

Anone the dragon / all fayntyd by that wounde
905 Had no more myght / the knyght or hors to dere
But stratchyd out / hyr body on the grounde
With hyr crokyd tuskys / fast gnawynge on the spere
This wyse / this monstre / whom Hercules myght fere
By helpe of god : and george the worthy knyght
910 On grounde is prostrate : depryued of hyr myght.

[ii]

An oryson vnto yᵉ blessyd martyr saynt george with an excusacyon of
yᵉ auctor of his rude translacyon. Capitulum.   xx.viii.

O gloryouse martyr / o scourge of tyranny
O stedfast pyller / of fayth / and holynes
2670 Most stronge confounder / of fals ydolatry
Accept my wrytynge / and pardon my rudenes
I playnly knowelege / myn owne vnworthynes
My style to thy actys / is no more mete / nor lyke
Than is a vyle vessell / for bawme aromatyke

2675 yet in thy goodnes / my hart hath confydence
Sith my chefe purpose / is people to excyte
Unto thy honour / thy laude : and reuerence
To haue in thy seruyce / pleasour and delyte
Than blessyd patron / my seruyce to acquyte
2680 Be alway redy / with my olde foo : to fyght
That the olde serpent / agayne me haue no myght

Preserue thy royalme / in peas and vnyte
Represse rebellers / and men presumptuous
Defende thy prynce / from all aduersyte
2685 In longe succession / of chauncys prosperous
Expell from his grace / all thynge contraryons
Graunt helth / and welth / good lyfe and charyte
Within thy royalme / contynually to be

2686 *contraryons* sic

Lyke as thou lyuynge / gladly defendydest ryght
2690 Assystynge wretchys in care and mysery
So for thy seruauntys / be redy nowe to fyght
Agaynste the olde serpente / and auncyent enmy
Graunt vs to vanquysshe / this worlde transytory
With all blynde fraudys / and folyes of the same
2695 And that our soules / may the vyle carkas tame

These fraudfull serpentys / vs dayly doth assayle
By gyle intendynge / to brynge vs to vttraunce
But we by thy ayde agayne them may preuayle
Such is our truste / and stedfast esperaunce
2700 Our youthes erroures / and blynde mysgouernaunce
Thou mayst ouercome / dyrectynge vs with ryght
Syth cryst and mary / hath the theyr chosen knyght

Mars hath had honoure / in many a regyon
As god of batayle / for actys excellent
2705 But this thy royalme / the takyth for patron
For thy bolde actys / for god omnypotent
Boldly abyden / in purpose permanent
Thou drad no tyrant / dyenge for equyte
Graunt all thy knyghtys / of the same sect to be

2710 So that thy royalme / in euery estate
In grace and vertue / abound and multyply
Namely thy order / in chaunces fortunate
Dyrect and gouerne / in ryghtwyse chyualry
With palme and tryumphe / of euery ennemy
2715 And after in stede / of plesour transytory
Purchace a place / to them / in endles glory.

TEXTUAL SOURCES

I. SAINT JULIANA
1. G. P. Krapp and K. E. Dobbie, eds., *The Exeter Book,* The Anglo-Saxon Poetic Records, vol. III (New York, 1936), pp. 113–33.
2. S. R. T. O. d'Ardenne, ed., *The Liflade ant te Passiun of Seinte Juliene,* EETS, 248 (1961), pp. 3–71.
3. Ch. d'Evelyn and A. J. Mill, eds., *The South English Legendary,* vol. I, EETS, 235 (1956, repr. 1967), pp. 62–70.
4. C. Horstmann, ed., *Barbour's des schottischen Nationaldichters Legendensammlung nebst den Fragmenten seines Trojanerkrieges,* vol. II (Heilbronn, 1882), pp. 190–3.

II. SAINT CATHERINE
1. Ch. d'Evelyn and A. J. Mill, *op. cit.,* vol. II, EETS, 236 (1956, repr. 1967), pp. 533–43.
2. C. Horstmann, ed., *Altenglische Legenden: Neue Folge* (Heilbronn, 1881), pp. 165–73.
3. C. Horstmann, ed., *Capgrave's Life of St. Katharine,* EETS, OS, 100 (1893), pp. 3–17.

III. SAINT EDMUND
1. W. W. Skeat, ed., *Ælfric's Lives of Saints,* vol. II, EETS, OS, 94 and 114 (1890 and 1900, repr. 1966), pp. 314–34.
2. C. Horstmann, ed., *The Early South-English Legendary, Laud MS. 108,* EETS, OS, 87 (1887), pp. 296–9.

IV. SAINT GEORGE
1. W. W. Skeat, *op. cit.,* vol. I, EETS, OS, 76 and 82 (1881 and 1885, repr. 1966), pp. 306–18.
2. Ch. d'Evelyn and A. J. Mill, *op. cit.,* vol. I, pp. 155–9.
3. Th. Erbe, ed., *Mirk's Festial: A Collection of Homilies,* part I, EETS, ES, 96 (1905), pp. 132–5.
4. Th. Graesse, ed., *Jacobi a Voragine Legenda aurea vulgo Historia Lombardica dicta* (Dresdae et Lipsiae, 1846), pp. 177–8.
5. W. Nelson, ed., *The Lyfe of St. George by Alexander Barclay,* EETS, 230 (1955, repr. 1960), pp. 112–8.
6. W. Nelson, *op. cit.,* pp. 40–4.

BIBLIOGRAPHY

This bibliography gives special consideration to the legends included in the present anthology, i.e. the lives of St. Juliana, St. Catherine, St. Edmund, and St. George, and to the collections or groups they have been taken from. All items are listed chronologically within each section.

I. Bibliographies

C. Brown, *A Register of Middle English Religious and Didactic Verse,* 2 vols. (Oxford, 1916 and 1920).

J. E. Wells, *A Manual of the Writings in Middle English* (New York, 1916). Nine supplements (1919–1951).

F. W. Bateson, ed., *The Cambridge Bibliography of English Literature* (Cambridge, 1940). Vol. V, *Supplement* (1957).

C. Brown and R. H. Robbins, *The Index of Middle English Verse* (New York, 1943).

R. H. Robbins and J. L. Cutler, *Supplement to the Index of Middle English Verse* (Lexington, 1965).

II. Editions

i. Collections or Groups of Legends

J. Small, ed., *English Metrical Homilies* (Edinburgh, 1862).

F. J. Furnivall, ed., *Early English Poems and Lives of Saints* (Berlin, 1862).

O. Cockayne, *Hali Meidenhad,* EETS, OS, 18 (1866).

C. Horstmann, ed., *Altenglische Legenden,* 3 vols. (Paderborn, 1875).

C. Horstmann, ed., *Sammlung englischer Legenden* (Heilbronn, 1878).

A. Asplant, ed., *The Golden Legend,* Holbein Society Facsimile Reprint (London, 1878).

W. W. Skeat, ed., *Ælfric's Lives of Saints,* EETS, OS, 76, 82, 94, 114 (1881–1900, repr. 1966).

C. Horstmann, ed., *Altenglische Legenden, Neue Folge* (Heilbronn, 1881).

C. Horstmann, ed., *Barbour's des schottischen Nationaldichters Legendensammlung nebst den Fragmenten seines Trojanerkrieges,* 2 vols. (Heilbronn, 1881 and 1882).

C. Horstmann, ed., *Prose Lives of Woman Saints*, EETS, OS, 86 (1886).

C. Horstmann, ed., *The Early South-English Legendary, Laud MS 108*, EETS, OS 87 (1887).

W. M. Metcalfe, ed., *Legends of the Saints in the Scottish Dialect of the Fourteenth Century*, 3 vols., STS, 1st series, 13, 18, 23, 25, 35, 37 (1887–1896).

B. Assmann, ed., *Angelsächsische Homilien und Heiligenleben*, Bibliothek der angelsächsischen Prosa, vol. III (Kassel, 1889, repr. Darmstadt, 1964).

F. S. Ellis, ed., *The Golden Legend or Lives of the Saints as Englished by William Caxton*, 7 vols. (London, 1900).

G. Herzfeld, ed., *An Old-English Martyrology*, EETS, OS, 116 (1900).

C. Horstmann, *Nova Leganda Angliae*, 2 vols. (Oxford, 1901).

G. H. Gerould, ed., *The Northern English Homily Collection* (Lancaster, Penn., 1902).

M. S. Serjeantson, ed., *Osbern Bokenham's Lives of Holy Women*, EETS, 206 (1936).

G. P. Krapp and K. E. Dobbie, eds., *The Exeter Book*, The Anglo-Saxon Poetic Records, vol. III (New York, 1936).

A. F. Colborn, ed., *Hali Meidhad* (Copenhagen and London, 1940).

Ch. D'Evelyn and A. J. Mill, eds., *The South English Legendary*, EETS, 235 and 236 (1956, repr. 1967).

G. Ryan and H. Ripperger, eds., *The Golden Legend of Jacobus de Voragine* (New York, 1941).

G. I. Needham, ed., *Ælfric: Lives of Three English Saints* (London, 1966).

N. R. Ker, ed., *Facsimile of MS Bodley 34*, EETS, 274 (1966).

ii. Separate legends

O. Cockayne and E. Brook, eds., *The Liflade of St. Juliana*, EETS, OS, 51 (1872).

E. Einenkel, ed., *The Life of St. Katherine*, EETS, OS, 80 (1884).

C. Horstmann and F. J. Furnivall, eds., *The Life of St. Katherine of Alexandria by John Capgrave*, EETS, OS, 100 (1893).

W. Strunk, ed., *The Juliana of Cynewulf* (Boston and London, 1904).

C. W. Kennedy, ed., *The Legend of St. Juliana* (Princeton, 1906).

R. Woolf, ed., *Juliana* (London, 1955).

W. Nelson, ed., *The Life of St. George by Alexander Barclay*, EETS, 230 (1948, repr. 1960).

S. R. T. O. d'Ardenne, ed., *The Lifelade ant te Passiun of Seinte Juliene*, EETS, 248 (1960).

A. Kurvinen, ed., *The Life of St. Catherine of Alexandria in Middle English Prose* (Ph. D. Diss. Oxford, 1961, Bodl. Lib. 2381).

III. Works of Reference

i. General

F. Liebermann, *Die Heiligen Englands* (Hannover, 1889).

H. Delehaye, *Les légendes hagiographiques* (Bruxelles, 1905).

H. Günter, *Legendenstudien* (Köln, 1906).

P. Allard, *Dix leçons sur le martyre* (Paris, 1907).

H. Quentin, *Les martyrologes historiques en moyen âge* (Paris, 1908).

L. Zoepf, *Das Heiligen-Leben im 10. Jh.* (Leipzig und Berlin, 1908).

H. Delehaye, *Les légendes grecques des saints militaires* (Paris, 1909).

A. van Gennep, *La formation des légendes* (Paris, 1910).

H. Günter, *Die christliche Legende des Abendlandes* (Heidelberg, 1910).

H. Delehaye, *Les origines du culte des martyrs* (Bruxelles, 1912).

G. H. Gerould, *Saint's Legends* (Boston and New York, 1916).

H. Delehaye, *L'Œuvre des Bollandistes, 1615–1915* (Bruxelles, 1920).

H. Delehaye, *Les passions des martyrs* (Bruxelles, 1921).

A. Priessnig, *Die biographischen Formen der griechischen Heiligenlegenden in ihrer geschichtlichen Entwicklung* (Diss. München, 1924).

R. Günther, »Über die abendländische Heiligenlegende«, *Theologische Rundschau*, N.F., 3 (1931), pp. 18–48.

R. Kapp, *Heilige und Heiligenlegenden in England. Studien zum 16. und 17. Jahrhundert* (Halle, 1934).

V. L. Kennedy, *The Saints of the Canon of the Mass* (Città del Vaticano, 1938).

D. Attwater, *A Dictionary of Saints* (London, 1939).

J. M. Mecklin, *The Passing of the Saint* (Chicago, 1941).

A. J. Festugière, *La sainteté* (Paris, 1942).

J. E. Sherman, *The Nature of Martyrdom* (Paterson, N.J., 1942).

C. W. Jones, *Saints' Lives and Chronicles in Early England* (Ithaca, N.Y., 1947).

H. Rosenfeld, »Das Wesen der Legende als literarische Gattung«, *Neues Abendland*, 2 (1947), pp. 237–8.

C. G. Loomis, *White Magic. An Introduction to the Folklore of Christian Legend* (Cambridge, Mass., 1948).

H. Günter, *Psychologie der Legende* (Freiburg, 1949).

W. Lampen, »Mittelalterliche Heiligenleben und die lateinische Philologie des Mittelalters«, *Liber Floridus. Mittellateinische Studien, Festschrift Paul Lehmann* (Erzabtei St. Ottilien, 1950), pp. 121–9.

I. Brüning, *Das Wunder in der mittelalterlichen Legende* (Diss. Frankfurt, 1952).

H. Rosenfeld, »Die Legende als literarische Gattung«, *GRM*, 33 (1952), pp. 70–4.

R. Aigrain, *L'Hagiographie: ses sources, ses méthodes, son histoire* (Paris, 1953).

H. Thurston and D. Attwater, eds., *Butler's Lives of Saints*, 4 vols. (London, 1956).

A. Jolles, *Einfache Formen: Legende, Sage, Mythe, Rätsel, Spruch, Kasus, Memorabile, Märchen, Witz*, 4th ed. (Tübingen, 1968).

B. Colgrave, "The Earliest Saints' Lives Written in England", *Proceedings of the Brit. Acad.*, 44 (1958), pp. 35–60.

S. Sudhof, »Die Legende, ein Versuch zu ihrer Bestimmung«, *Studium generale*, 11 (1958), pp. 691–9.

H. C. White, *Tudor Books of Saints and Martyrs* (Madison, Wis., 1963).

H. Rosenfeld, *Legende*, 2nd ed. (Stuttgart, 1964).

Th. Wolpers, *Die englische Heiligenlegende des Mittelalters* (Tübingen, 1964).

R. Woolf, "Saints' Lives", in: E. G. Stanley, ed., *Continuations and Beginnings* (London, 1966), pp. 37–66.

ii. Collections or Groups of Legends

P. Buss, »Sind die von Horstmann herausgegebenen schottischen legenden ein werk Barbere's?«, *Anglia*, 9 (1886), pp. 493–514.

J. H. Ott, *Über die Quellen der Heiligenleben in Ælfric's Lives of the Saints* (Diss. Halle, 1892).

W. Schmidt, *Über den Stil der Legenden des MS Laud 108* (Diss. Halle, 1893).

P. Butler, *Legenda aurea – Légende Dorée – Golden Legend* (Diss. Baltimore, 1899).

E. C. Richardson, "Jacobus de Voragine and the Golden Legend", *Princeton Theological Review*, 1 (1903), pp. 267–81.

J. S. P. Tatlock, "Chaucer and the Legenda Aurea", *MLN*, 45 (1930), pp. 296–8.

G. Loomis, "Further Sources of Ælfric's Saints' Lives", *Harvard Studies and Notes*, 13 (1931), pp. 1–8.

D. Bethmann, "The Form of Ælfric's Lives of the Saints", *Studies in Philology*, 29 (1932), pp. 515–33.

M. E. Wells, "The South English Legendary in its Relation to the Legenda Aurea", *PMLA*, 51 (1936), pp. 337–60.

L. L. Steckman, "A Late Fifteenth Century Revision of Mirk's Festial", *Studies in Philology*, 34 (1937), pp. 36–48.

A. A. Prins, "Some Remarks on Ælfric's Lives of Saints and his Translations from the Old Testament", *Neophilologus*, 25 (1940), pp. 112–22.

R. M. Wilson, "Some Lost Saints' Lives in Old and Middle English", *MLR*, 36 (1941), pp. 161–72.

M. E. Wells, "The Structural Development of the South English Legendary", *JEGP*, 41 (1942), pp. 320–44.

G. Cronin, "John Mirk on Bonfires, Elephants, and Dragons", *MLN,* 57 (1942), pp. 113–6.

Sister M. Jeremy, O. P., "The English Prose Translation of the Legenda Aurea", *MLN,* 59 (1944), pp. 181–3.

Sister M. Jeremy, "Caxton's 'Golden Legend' and Voragine's 'Legenda Aurea", *Speculum,* 21 (1946), pp. 212–21.

Sister M. Jeremy, "Caxton's Golden Legend and De Vignai's Légende Dorée", *Medieval Studies,* 8 (1946), pp. 97–106.

Sister M. Jeremy, "Caxton and the Synfulle Wretche", *Traditio,* 4 (1946), pp. 423–8.

Sister M. Jeremy, "Caxton's Original Additions to the Legenda Aurea", *MLN,* 64 (1949), pp. 259–61.

C. Schaar, *Critical Studies in the Cynewulf Group* (Lund and Kopenhagen, 1949).

H. Quistorp, *Studien zu Lydgates Heiligenlegenden* (Diss. Bonn, 1951).

A. Kurvinen, "Caxton's 'Golden Legend' and the Manuscripts of the Gilte Legende", *Neuphilolog. Mitteilungen,* 60 (1959), pp. 353–75.

A. Kurvinen, "The Source of Capgrave's Life of St. Katherine of Alexandria", *Neuphilolog. Mitteilungen,* 61 (1960), pp. 268–324.

E. Kobayashi, *The Verb Forms of the South English Legendary,* Janua Linguarum, Series Practica, 15 (The Hague, 1964).

iii. Separate Legends

O. Glöde, "Cynewulfs Juliana und ihre Quelle", *Anglia,* 11 (1889), pp. 146–58.

H. Knust, *Geschichte der Legenden der hl. Katharina von Alexandrien und der hl. Maria Aegyptiaca, nebst unedierten Texten* (Halle, 1896).

H. Varnhagen, *Zur Geschichte der Legende der Katharina von Alexandrien nebst lateinischen Texten* (Erlangen, 1891).

W. Pearce, "Concerning Juliana", *MLN,* 7 (1892), p. 186.

O. Backhaus, *Über die Quelle der mittelenglischen Legende von der heiligen Juliana und ihr Verhältnis zu Cynewulfs Juliana* (Diss. Halle, 1899).

J. M. Garnett, "The Latin and the Anglo-Saxon Juliana", *PMLA,* 14 (1899), pp. 279–98.

H. Varnhagen, *Zur Geschichte der Legende der Katharina von Alexandrien* (Erlangen, 1901).

J. E. Matzke, "Contributions to the History of the Legend of St. George", *PMLA,* 17 (1902), pp. 464–535, and 18 (1903), pp. 449–78.

H. S. Murch, "Translation of Cynewulf's Juliana", *JEGP,* 5 (1904), pp. 303–19.

M. Huber, O. S. B., »Zur Georgslegende«, *Festschrift zum 12. Neuphilologentage* (Erlangen, 1906).

C. W. Kennedy, *The Legend of St. Juliana. Translated from the Latin of the Acta Sanctorum and the Anglo-Saxon of Cynewulf* (Princeton, 1906).

K. Krumbacher, *Der hl. Georg in der griechischen Überlieferung* (München, 1911).

E. Brunöhler, *Über einige lateinische, englische, französische und deutsche Fassungen der Julianenlegende* (Diss. Bonn, 1912).

K. Sandkühler, *Der Drachenkampf des heiligen Georg in Englands Legende und Dichtung vom 14. bis 16. Jhdt.* (Diss. Tübingen, 1913).

A. Hilka, »Zur Katharinenlegende«, *Archiv*, 140 (1920), pp. 171–9.

I. P. McKeehan, "St. Edmund of East Anglia, the Development of a Romantic Legend", *The University of Colorado Studies*, 15 (1925).

F. M. Padelford and M. O'Connor, "Spenser's Use of the St. George Legend", *Studies in Philology*, 23 (1926), pp. 142–56.

C. G. Loomis, "The Growth of the Saint Edmund Legend", *Harvard Studies and Notes*, 14 (1932), pp. 83–113.

H. E. Allen, "The Localization of Bodl. MS 34", *MLR*, 28 (1933), pp. 485–7.

Sister M. Jeremy, "The English Prose Translation of the 'Legenda Aurea'", *MLN*, 59 (1944), pp. 163–6.

R. Furuskog, "Collation of the Katherine Group MS Bod. 34", *Studia Neophilologica*, 19 (1946), pp. 119–66.

C. Schaar, *Critical Studies in the Cynewulf Group*, Lund Studies in English, 17 (Lund and Copenhagen, 1949).

V. L. F. Dailey, *A Metrical Analysis of the Old English Poem Juliana* (Unpubl. Ph. D. Diss. Univ. of Texas, 1963; abstr. in Diss. Abstracts, 24 [1964], p. 2898).